나는
사랑을
걱정하지 않는다

책고래숲 09

나는 사랑을 걱정하지 않는다

2024년 6월 14일 초판 1쇄 발행

글 강태운 **편집** 정설아 **디자인** 김헌기

펴낸이 우현옥 **펴낸곳** 책고래 **등록 번호** 제2015-000156호

주소 서울특별시 서초구 강남대로12길 23-4, 301호(양재동, 동방빌딩)

대표전화 02-6083-9232(관리부) 02-6083-9234(편집부)

홈페이지 www.dreamingkite.com / www.bookgorae.com

전자우편 dk@dreamingkite.com

ISBN 979-11-6502-176-4 (03600)

• 책값은 뒤표지에 있습니다.

나는
사랑을
걱정하지 않는다

강태운 지음

책고래

목차

2부 비춤, 네게서 나를 읽다

3부 공감, 네 곁에 나를 세우다

4부 물듦, 추상과 싸우려면 추상을 닮아야 한다

5부 사랑, 내 안은 사랑으로 가득하다

여는 글

아내가 영국행 비행기 표를 건넸다. 표를 건네는 아내와 물끄러미 바라보는 나. 꼭 영화의 한 장면 같았다. 뒤늦게 찾아온 사춘기에 휘둘리면서 아내에게 힘들다는 표현을 과하게 했던 무렵이다. 나는 회사의 목표와 미래에는 열심이면서, 정작 나에 대해서는 게을렀다.

"눈 뜨고 숨 쉬고 사는 건 맞는데, 내가 없다."

웬만한 일에는 속내를 보이지 않는 아내인데 바로 답이 돌아왔다.

"오빠가 그런 말 하면 나는 뭐가 되는데. 오빠는 회사라도 다녔지만 나는? 애 낳고 키우느라 보낸 내 인생은 뭐가 있는 줄 알아!"

그래도 내 길을 찾겠다는 뜻을 굽히지 않자, 며칠 뒤 아내는 못 이기는 척 말했다.

“오빠 뜻대로 해. 없으면 없는 대로 사는 거지.”

나에게 하는 말이 아니라 아내 스스로 하는 다짐이었다.

그때 아내 등 뒤에 그림 한 점이 걸려 있었다. 새 한 마리가 창공을 날았고, ‘높이 나는 새는 뼈를 가볍게 합니다’라는 글귀가 대지에 깊이 박힌 바위처럼 새겨져 있었다. 이제는 고인이 된 은사님이 내가 취업하고 인사차 들렀을 때 선물로 주신 서화였다. 무언가에 지쳐 맥이 풀릴 때면 나는 몇 시간씩 그림에 시선을 고정한 채 식탁에 멍하니 앉아 있곤 했다. 문득 정신을 차려 창밖을 보면, 어느새 새는 그림을 떠나 하늘을 날았다.

어쩌면 아내도 저 그림을 하염없이 바라보지 않았을까? 그림은 비행기 표를 건넨 표면적인 이유였을 것이다. 아내의 마음은 그림 너머에 있었다. 답을 찾는 건 내 몫이었다.

그런데 여행을 준비하면서 혼란스러웠다. 여행 목적이 분명치 않았다. 답답한 마음은 영국에 도착해서도 여전했다. 누구를 만나러 왔는지, 무엇을 찾으러 왔는지, 아니면 불안을 비우고 자존감을 채우러 왔는지 생각만 맴돌 뿐 답에 대한 확신이 서지 않았다.

발도 떼지 않은 여행에서 답부터 찾는 건 아마도 출장을

갈 때마다 보고서를 쓰던 습관 때문일 것이다. 결과보고서는 출장 전에 틀이 잡혔다. 빠듯한 현지 일정을 마치고 돌아오면 보고서를 붙들고 씨름할 시간이 없었기에 출장 전에 하나의 틀을 정해 놓은 후 내용을 채워 나갔다. 출장은 보고서 내용을 현실에 실현하는 것이지, 우연에 맡길 수 있는 것이 아니었다. 나는 영국 여행을 수많은 출장 중의 하나로 여겼던 모양이었다. 돌이켜보면 내 일상은 예상치 못했던 충격을 경험하기보다는 정해진 틀에 나를 맞추는 과정이었다.

회사 로비에 들어서면, 안내데스크 뒤로 단색화 거장 김기린의 <Visible, Invisible>이 걸려 있었다. 십수 년 넘게 눈길을 주었지만, 조명까지 완벽하게 비추는 그림을 눈앞에 두고 제대로 보지 못했다. 그림의 바탕에는 일정한 간격으로 점이 찍혀 있었고, 점들은 저마다 숨을 쉬었다. 감정의 지문 같은 점들이 보내는 손짓을 일상에서는 발견하지 못했다. 나에게 그림은 지적 호기심 그 이상도 이하도 아니었다. 그림을 좋아했다기보다 그림을 보는 나를 더 좋아했던 게 아니었을까.

우연한 만남에서 뜻밖의 깨달음을 얻는 것이 여행이다. 그렇게 뜻밖의 인연을 테이트 모던에서 만났다. 마주치지 않고 지나가는 게 불가능할 정도였다. 테니스 코트만 한 비현실적인 크기의 캔버스가 복도 벽면을 가득 채우고 있었다. 그저 그런 실내장식인가 싶었는데 부드러운 카펫이었다. 그것도 따뜻한 오렌지색이었다. 오렌지색에서 전해오는 온기에 몸의 감각이 살아나자, 내 온몸은 저마다 안기고 싶다고 아우성쳤다. 어느새 나는 카펫 앞에 서 있었다. 안기고, 등을 기대고, 만지면서 한동안 따뜻한 품에 묻혀 있었다.

나는 오렌지색 카펫 월(Carpet Wall)을 통해 누군가의 품에 안기고 싶어 하는 나를 발견했다. 아이들을 안아 주고 아내를 안아 주고 엄마를 안아 주는 나도 있지만, 나 역시 따뜻한 품이 필요하다는 것을 잊지 말라는 신호였다. 내 안의 욕구들이 스스로 솟구쳐 오르는 것 같았다. 재미를 위한 편의시설 정도로 생각했는데 오렌지색 카펫 월은 그 이상이었다. 이탈리아 출신 개념주의 작가 루돌프 스팅겔(Rudolf Stingel, 1956~)의 작품이었다.

작가는 관람객의 참여가 작품을 완성하고 새롭게 태어나게 한다는 신념을 지녔다. 관람객 모두가 예술가라며 예술가의 권위도 내려놓았다. 카펫 월은 캔버스를 벽면으로, 그림을 카펫으로 대체해서 관람객과 거리를 좁혔다.

관람객 역시 오렌지색 카펫을 그냥 지나치지 못했다. 모두들 호기심 가득한 얼굴로 카펫 위에 글을 쓰고 그림을 그렸다. 등을 기대고 팔을 쭉 편 채 날갯짓을 했다. 행복한 표정으로 돌아서는 관람객 얼굴에서 내 표정을 읽을 수 있었다.

그림은 말과 글보다 자기방어가 적기 때문에 내면을 드러내는 데 효과적이다. 그래서 그림이 주는 메시지는 쉽고 단순하다. 단순할수록 몸이 먼저 반응한다. 오렌지색 카펫에 기댔을 때, 내 몸은 그 옛날 따뜻하게 안겼던 품을 떠올렸고 내 의지와 관계없이 누군가에게 안기고 싶다고 아우성쳤다.

그동안 나는 나에게 절실히 필요한 게 무엇인지 알지 못했다. 그림은 내가 무엇을 원하는지 깨닫게 해주었다. 그 아우성은 나를 향한 사랑이었다. 내 안은 사랑으로 가득했다. 이후로 나는 사랑을 걱정하지 않는다.

스스로 바람이 되고자 걸었던 길에서 만난 인식과 실천을 이 책에 담았다. 자신에게 절실히 필요한 게 무엇인지 알고 싶은 분들과 이 글을 나누고 싶다.

그림에는 정답이 없다. 사람마다 다르고 상황마다 다르기 때문이다. 다만 내가 그림 앞에서 실천한 한 가지는 화삼독(畵三讀)이다. 그림은 세 번 읽어야 한다. 그림을 읽고, 작가와 그 시대를 읽고, 마지막으로 나를 읽는다. 그림을 읽는 동안 그림이 나에게 보여 준 환대를 잊을 수 없다. 그림은 묻지도, 따지지도 않는다. 그 어떤 보답을 요구하지도 않는다. 그림은 내가 의심하고 적대할 때도 환대를 멈추지 않는다. 무엇보다 그림은 당신이 가치 있는 사람이 아니라 가치를 따질 수 없는 사람[1]이라고 말한다. 그 절대적 환대에 여러분을 초대한다.

1) 김현경, 『사람, 장소, 환대』, 문학과지성사, 2015, p208 p211

추천사

강태운을 만난 게 얼추 10년 전이다. 10년이면 강산도 변한다고 했던가. 변한 건 강산이 아니라 강태운이다. 잘나가는 회사에 다니던 그가 사내에서 진행한 내 강의에 참여하면서 인연이 시작되었고, 이후 '삼성책고집'이라는 이름으로 연을 이어 왔다. 책고집은 고집스럽게 책을 읽고, 글을 쓰는 모임이다.

강태운의 글은 매양 평행선을 달리는 듯했다. 파토스 없이 밍밍했고, 상투적 표현이 난무했다. 지적하지 않을 수 없었다. 지적하면 의기소침해지거나 포기하기 십상이지만 강태운은 요지부동이었다. 계속 나왔고, 계속 읽었고, 계속 썼고, 계속 지적 당했다.

어느 날 문득 강태운의 글이 한곳을 향해 내달리고 있음을 알게 되었다. 정해진 트랙 위를 달리는 것이 아니었다. 드넓은 광야를 목적 없이 질주하는 것도 아니었다. 아, 그는 자기 내면에 똬리를 틀고 있는 의식의 심연을 내달리고 있었다.

"내게 절실한 무엇이 있는데 정작 나는 그게 무엇인지 알지 못했다. 그림은 내가 무엇을 원하는지 깨닫게 했다. 아우성은 나를 향한 사랑이었다. 내 안은 사랑으로 가득했다. 이후로 나는 사랑을 걱정하지 않는다."

그림을 이야기하고 있지만 강태운은 그림을 보라고 강요하지 않는다. 그저 그림과 나눈 대화를 담담하게 풀어낼 뿐이다. 때론 조용하게, 때론 몽환적으로. 그의 글 어디에선가 사랑을 잃고 방황하는 나의 자화상을 조우하게 될 것만 같다. 그때 나도 강태운처럼 말하고 싶다. 사랑은 가슴앓이가 아니라 가슴을 맞대는 일이라고.

최준영(사단법인 인문공동체 책고집 대표)

추천사

신문사에서 일하는 덕에 '신문 속 세상'을 들여다볼 기회가 많습니다. 이따금 오피니언면에서 만난 글 한 토막이 시야를 넓히고 마음을 깨웁니다. 주장이 명확하고 논증이 간명한 것이 좋지만, 뚜렷하게 드러내지 않아 오히려 더욱 선명한 글이 신문 독자에게 울림을 주기도 합니다. 강태운 작가가 2023년 새해부터 자신의 이름을 걸고 기호일보에 연재한 미술 인문학 칼럼이 제겐 그렇습니다. 칼럼 애독자로서, 그가 연재하는 글이 책으로 묶여 나와 반가운 마음입니다.

강태운 작가를 처음 알게 된 건 코로나19 팬데믹이 우리 사회를 한껏 짓누르던 어느 해의 비대면 과학책 읽기 모임에서였습니다. 그는 회사를 다니며 생계를 이어가는 샐러리맨이면서, 아내와 함께 어린 아들 셋을 둔 아빠였습니다. 그림을 좋아하고 책을 손에서 놓지 못하는 독서가라는 것을 알 수 있었습니다. 모든 걸 거머쥐면서 온전한 삶을 이루기 어렵다고 판단했는지도 모르겠습니다. 그는 오랜 직장을 내려놓는 대신 경계 없이 서로 스며드는 '삶의 자리'를 선택했습니다.

저자가 제안하는 화삼독(畵三讀)을 실천합니다. 먼저 미술 작품을 두루두루 뜯어봅니다. 화가의 생애와 그 시대상을 되짚어갑니다. 마지막으로 그가 소개한 그림을 거울삼아 스스로를 마주합니다. 내면의 균열과 상처를 직시하게 됩니다. 한 치 앞도 보이지 않는 상황에서도 따뜻한 위로를 건네주는 그림의 힘을 이제 조금은 알 것 같습니다. "일상이라는 캔버스를 채우는 우리는 모두 관객이면서 예술가"라는 저자의 미술 기행에 동참해 보길 권합니다.

김명래(경인일보 기자)

1부

끌림,
네가 나를 부를 때

"

사람을
모르고
사랑했다

"

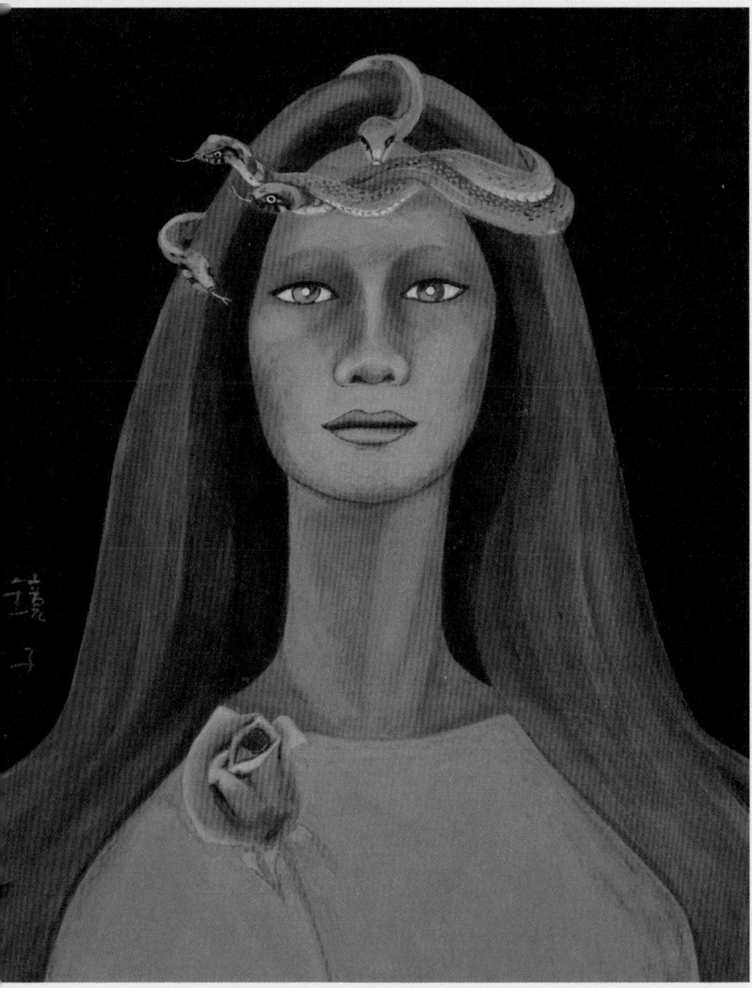

천경자 작가 기증, 서울시립미술관 소장

내 슬픈 전설의 22페이지, 1977

천경자

종이에 채색, 43.5x36cm

사람을 모르고 사랑을 했다. 그 사람을 아느냐는 질문에는 선뜻 답하지 못했다. 사랑은 사람은 물론, 그 사람을 사랑하는 나를 알아 가는 일이다. 나는 사랑에 빠진 내 모습에 취한 나머지 사람을 알려고 하지 않았다. 되짚어 보니 이런 상황이 많았다. 상대의 입장을 고려하지 않고 대화를 나눴다. 공감했냐는 질문에는 답을 하지 못했다. 매일 아이와 회사에는 꿈과 비전을 제시했다. 내가 하고 싶은 일을 묻는 말에는 입을 다물었다. 나는 꿈꾸지 않았고, 누구와도 꿈을 나누지 않았다.

사랑이라는 감정에 취해서 정작 사람을 보지 못하면, 그 사람의 마음을 얻지 못한다. 그림도 마찬가지다. 들으려는 마음 없이 제멋대로 재단하면 그림은 아무런 이야기도 들려주지 않는다. 더군다나 입을 다문 채 침묵하는 여인이라면 대책이 서지 않는다.

천경자의 그림에서 뱀은 여인의 분신이자 여인을 지키는 울타리다. 비집고 들어갈 틈이 없어 보인다. 이럴 때면 자괴감이 든다. 그림의 왼쪽 아래 鏡子(경자)라는 글자가 눈에 들어온다. 거울 경(鏡)자. 나를 비추라는 것인가. 그래, 내 얘기를 하자.

눈앞에 상황을 표현할 적당한 단어를 찾지 못해 죄 없는 머리를 쥐어뜯을 때가 있다. 분명 느낌은 오는데 떠오르는 단어는 죄다 2% 부족하다. 끝내 답을 찾지 못하면 천재 철학자 비트겐슈타인의 그 유명한 말을 들먹인다. '말할 수 없는 것에 대해서는 침묵해야 한다.' 말할 수 없는 것에 침묵했던 나는 어느새 말할 수 있는 것에도 침묵하는 사람이 됐다.

내가 살아가는 이유를 찾지 않고 침묵으로 일관하자 어김없이 진실의 시간이 다가왔다. '눈 뜨고 숨 쉬고 사는 건 맞는데, 내가 없다.'라는 말이 나올 만큼. 진실은 연꽃처럼 순수하지만, 언제나 진흙탕 속에서 피어난다. 나는 '내가 없다'라는 진실을 감당할 수 없었다. 진흙 속에서 바둥거리는 시간은 그 자체로 고통이었다. 아플 땐 아픔만 보인다. 표면에 드러난 상처를 보느라 그 상처가 어디서 어떻게 시작되었는지 살필 여력이 없었다. 나는 기댈 곁이 필요했다.

미술평론가 케네스 클라크는 '그림을 본다는 것'을 그림과 첫 만남에서 받은 충격을 놓치지 않고 그것을 면밀하게 검토해서 자신의 소회를 밝히고 재해석하는 과정을 통해 자신의 안목을 넓히는 것이라고 말했다.[2] 살면서 우리는 어떤 상징이나 장면에서 마음이 울리는 경험을 한다. 순식간에 지나가는 장면에서 '뭐지?' 하는 느낌을 알아챌 수 있다. 그 느낌은 충격이다. 충격은 오래가지 않는다. 바쁜 일상에 묻히기 일쑤다. 충격에 노출될수록 충격에 길든다. 충격을 놓치지 않고 끌어가는 힘, 내게는 그림이었다.

서울시립미술관에서 천경자(千鏡子, 1924~2015)의 그림을 봤을 때가 그랬다. 뭔가 느낌이 달랐다.[3] 첫 만남이 아니었는데도 분명 충격이었다. 그런데 그 충격을 정확히 표현할 수 없었다. 형체를 가질 만하면 흩어지는 구름처럼, 말이 되지 못한 그 무엇을 그날만큼은 표현해 보고 싶었다. 그 무렵에는 무언가가 절실한데 그게 무엇인지 알지 못해서 지푸라기라도 잡고 싶은 심정이었다.

천경자는 대화하다 말고 자주 침묵했다. 시선은 먼 곳을 향했고, 눈동자는 눈앞의 변화에도 아무런 흔들림이 없었

2) 케네스 클라크, 『그림을 본다는 것』, 엑스오북스, 2012, p8
3) 천경자는 1998년 서울시립미술관에 채색화와 스케치 93점을 기증했다. 서울시립미술관은 옛 대법원 자리로 이전 개관하면서 상설 전시실 '천경자실'을 열었다.

다. 말할 수 없는 것에 대한 침묵이었다. 침묵은 그나마 나았다. 도무지 알 수 없는 삶에 치일 때면, 광주역 앞 뱀집에 앉아 뱀을 스케치했다. 두 살배기 딸과 첫돌이 안된 아들을 남기고 남편은 요절했고, 6·25 전란 통에 여동생마저 폐병으로 세상을 등졌다. 천경자는 불안에서 벗어나기 위해 미친 듯이 뱀을 그렸다. 그리면서 징그러워 몸서리쳤다. 고통을 잊으려고 선택한 끔찍한 자극이었다.

천경자는 그때 처음으로 뱀의 눈을 자세히 보았다. 뱀의 눈은 상상했던 것과 너무 달랐다. 바라보고 있으면 그것이 "개구리 새끼의 눈처럼 둥글둥글, 오히려 사랑스러운 인상"이 들었다.[4] 징그럽고 무서우리라 생각했던 그 눈에서 자신이 평생 떨치려고 했던 슬픔과 그리움이 느껴졌다. "아무리 발버둥 쳐도 내 전설의 슬픈 이야기는 지워지지 않아요." 천경자에게 뱀은 분신이었고, 고통은 동행이었다.

천경자는 자신을 투사한 듯한 여인을 자주 그렸다. 그 여인은 바라보는 사람을 한동안 서 있게 만든다. 여인의 눈빛

4) 천경자, 『꽃과 영혼의 화가 천경자』, 아트팩토리, 2006, p66

은 누군가를 바라보는 눈빛이 아니다. 시선의 방향이 역류하여 자기 내면을 무상하게 바라보는 것 같다. 좀처럼 말이 되지 못해 표현할 수 없는 그 무언가를 바라보는 눈빛이다.

주위를 돌아보면 세상은 말로 표현할 수 없는 것투성이다. 암묵적으로 주고받는 정보와 기능, 눈에 보이지 않는 관계, 그리고 손에 잡히지 않는 감정. 이 모든 걸 '언어'라는 틀에 가둘 수 없다. 꿈에나 그릴 수 있던 엄마는 나에게 말로 표현할 수 없는 그리움이다. 그리움은 무늬처럼 남아 내 안에서 그림이 되었다. 이해되지 않는 꿈도, 잊지 못할 기억도, 그림의 다른 이름이었다.

이처럼 마음속에 가득했지만, 내가 알지 못했던 감정은 무늬처럼 압축된 그림으로 남아 마음속에 새겨져 있었다. 우연히 그러한 감정의 무늬가 겹치는 그림 앞에 서면 마음에서 종이 울렸다. 어떻게 말로 표현할 수 없는 기분이었다. 침묵은 눈앞의 상황을 마음속에 새겨진 그림과 맞추는 묵언의 과정이었다.

여인은 말로 표현할 수 없는 것을 침묵으로 말해 주었다. 여인은 침묵 속에서 숨죽이던 내게 손을 내밀었다. 그림과 나는 마주 보지 않았다. 같은 곳을 바라봤다. 그렇게 한나절, 나는 여인과 손을 잡고 걸었다.

"

나는
읽기 쉬운
마음이야

"

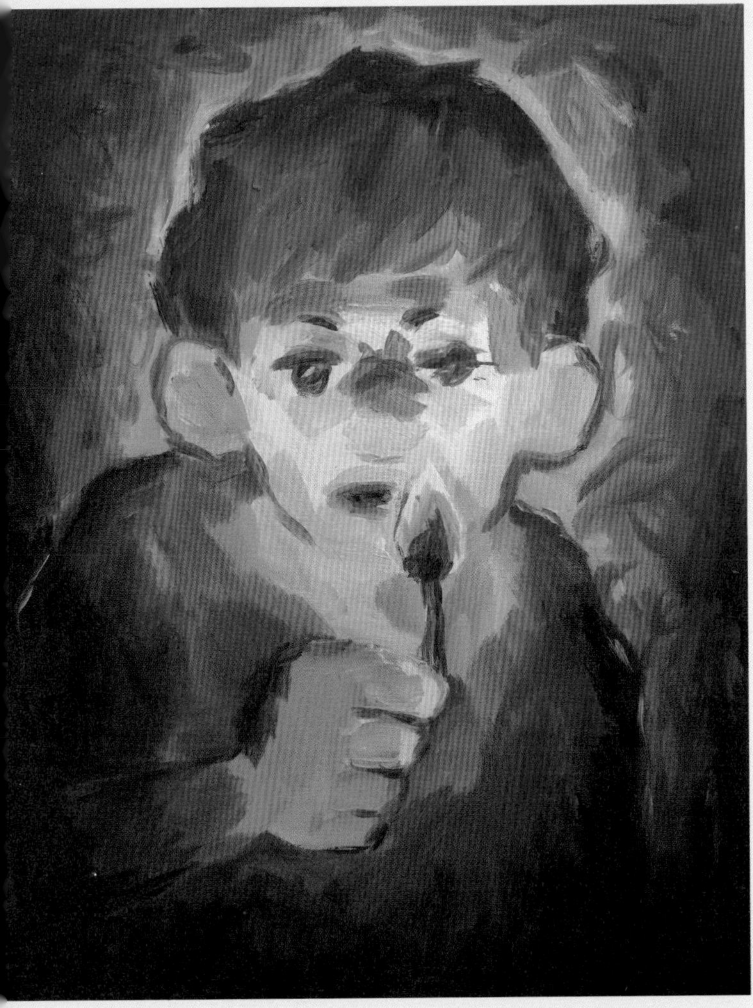

촛불을 켜고, 2020

괴야

캔버스에 유채, 91x73cm

일상의 쉼터인 미술관. 차분하게 그림과 대화를 나눠야 하는데 몸이 말을 듣지 않을 때가 있다. 감정에 휘말리느니 이대로 눈을 감고 종종걸음으로 지나치고 싶은 순간 말이다. 이런 충동 때문에 불편했던 적이 있었다. 강렬한 감정과 넘치는 에너지가 어디를 향해 터질지 모르는, 빈센트 반 고흐(Vincent Van Gogh, 1853~1890)의 그림을 봤을 때였다. 햇살 같은 <해바라기>의 노란 따스함, <별이 빛나는 밤>에 흐르는 꿈틀거리는 생동감을 어찌 좋아하지 않을 수 있을까 싶지만, 나는 반 고흐 자화상**그림1** 앞에 머물 수가 없었다. 그토록 따스한 색채가 동시에 절망으로 표현된다는 것을 받아들이기 힘들었다. 반 고흐는 우체부 조셉 룰랭의 초상**그림2**은 따뜻하게 그리면서 정작 자기 모습은 고통스럽고 불안하게 묘사했다. 표정 하나 없이 입을 굳게 다문 그를 나는 온전히 대면할 수 없었다.

화가 콰야(1991~)가 그린 어린 사람은 반 고흐 초상과는 뭔가 달랐다. 첫 만남부터 묘한 분위기를 풍겼다. 어눌한 모습을 한 어린 사람은 나를 그대로 옮겨 놓은 것 같았다. 자신의 이유보다 타자의 시선에 매몰되어 무의식적으로 뒷걸음

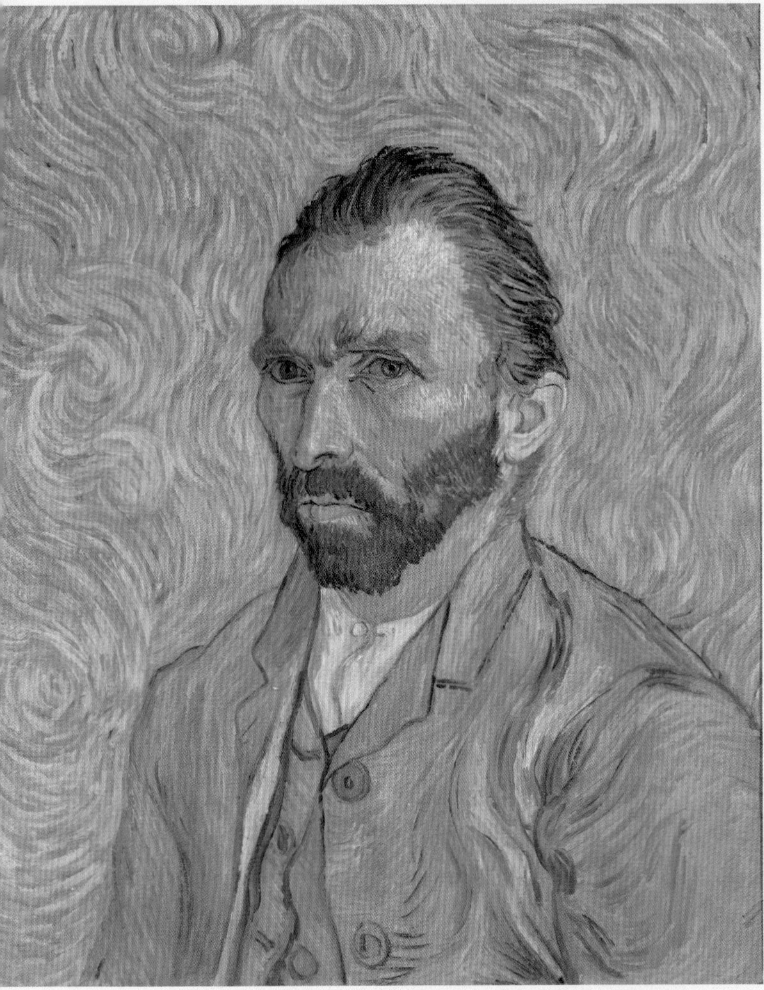

반 고흐는 망상과 발작이 심해지자 스스로 생레미 정신병원에 입원했다. 주위와 어울리지 못했고, 모델을 해 주겠다는 사람이 없어 자화상을 자주 그렸다. 반 고흐 특유의 짧고 굴곡진 터치는 대상에 강렬한 생동감을 주지만, 자화상에서는 고통과 불안을 두드러지게 한다.

1 자화상, 1889
빈센트 반 고흐
캔버스에 유채, 65x54cm

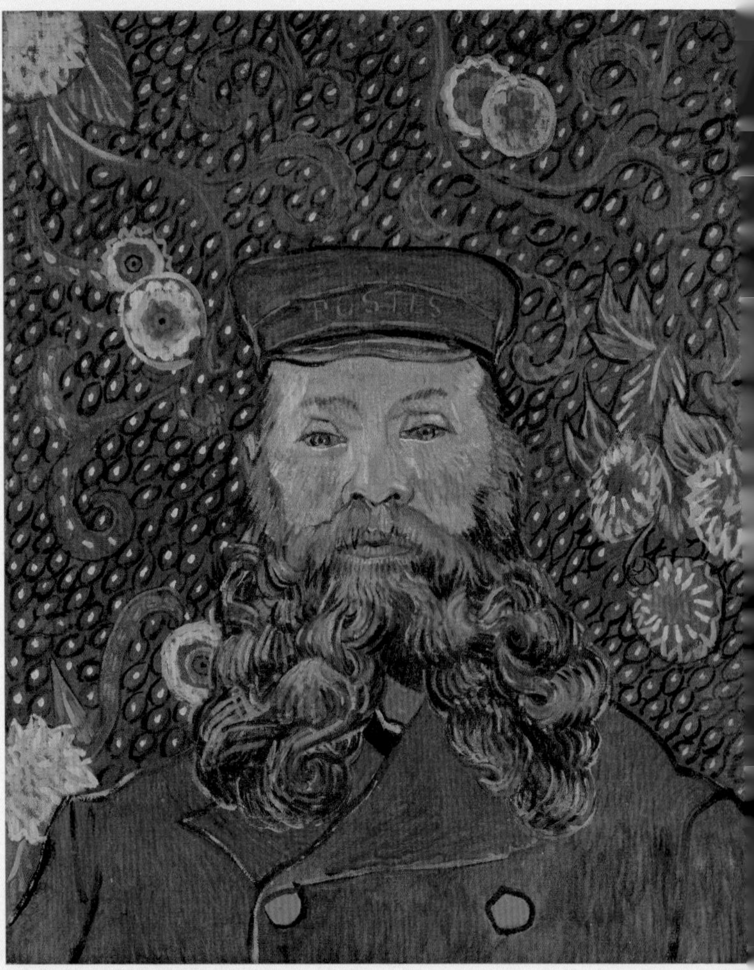

* 반 고흐는 프랑스 남부 아를에 머물 때 동생 테오(Theo)와 서신을 자주 주고받았다. 자연스럽게 우 조셉 룰랭과 친분을 쌓았다. 제복을 입었지만, 조셉 룰랭의 호탕하고 인간적인 모습에 매료된 반 고 마음을 그림에서 엿볼 수 있다.

2 우체부 조셉 룰랭의 초상화(Portrait of the Postman Joseph Roulin), 188

빈센트 반 고흐

캔버스에 유채, 65x54cm

질 치는 나. 상대에게 마음을 들킨 것처럼 투명해지는 것 같았다. 투명해지는 나를 간신히 붙들고 있는데, 노랫말이 잔잔히 들려왔다. "나는 읽기 쉬운 마음이야. 당신도 스윽 훑고 가셔요." 노래는 나를 가리키며 투명한 사람이라고 쐐기를 박았다. 록 밴드 잔나비 2집 표제곡 <주저하는 연인들을 위해>였다. 노래는 앨범 커버에 그려진 어린 사람과 묘하게 어울렸다. 그렇게 투명해진 나는 더 이상 숨길 것도, 지킬 것도 없었다. 덕분에 그동안 자화상 앞에서 느꼈던 불편한 감정은 문제가 되지 않았다. 나를 내려놓고 그림 속 어린 사람과 온전히 대면했다.

콰야 그림에는 항상 인물이 등장한다. 그리고 언제부터인가 등장인물로는 어린 사람이 주를 이룬다. '마음과 다른 행동', '단지 조금 다를 뿐', '한 글자 적기가 얼마나 어려운지', 이런 제목만 봐도 알 수 있지만, 콰야가 말하고자 하는 주제는 어린 사람과 더 잘 맞는다. 나는 어린 사람의 나이가 궁금했다. 어린 사람은 진짜 어릴까.

나는 종종 주위에 나이를 묻곤 했다. 동료들과 서로 나이를 가늠하며 농을 걸었다. 몇 살처럼 보여요? 실제 나이보다 작은 숫자가 나오면 얼굴은 환해졌다. 실없는 농담을 뒤로 하고 돌아서는 길이면 마음 깊숙한 곳부터 올라오는 그을음이 있었다. '나는 몇 살일까?' 기계적으로 세는 나이 말고 내가 생각하는 나이를 자문하는 거다. 답은 늘 비슷했다. 나 역시 실제 나이보다 적은 숫자를 떠올렸다. 젊어지고 싶은 욕구를 빼면 충실히 채우지 못한 예전 그 무엇에 대한 아쉬움의 표현이었다. 안으로는 좌절하고 떠나보내면서 느꼈던 아픈 감정을 죄다 뺀 나이였다. 밖으로는 주위와 사회의 기대에 미치지 못해 부족한 나이였다. 앞만 보며 잡힐 것 같은 누군가의 뒤통수만 쫓느라 자기 위치를 놓친 나는 어린 사람이었다.

그림 속 어린 사람은, 정작 나는 외면했던 내 안의 목소리를 용케 알아듣고 내게 알려 주었다. 잠깐 멈춰서서 이야기를 들어 달라는 부탁이었다. 그동안 나는 그 목소리를 들어서는 안 될 악마의 속삭임으로 치부했다. 귀를 막고 종종걸음으로 지나치기 바빴다. 누군가의 조언을 무시해도 될 만큼 내 삶을 확신했던 것도 아니었다. 살다 보면 채우고 달리는 것만이 능사가 아니라는 걸 온몸으로 알게 된다. 자의 반

타의 반으로 비우기 시작했다. 비울 때는 이것저것 따지지 않고 죄다 비우는 것이 사람이 하는 일이었다. '내가 없다'라고 자신을 부정할 때까지 멈추지 않았다.

콰야가 작품에 담은 이야기는 다양하지만, 전체를 관통하는 감정은 그리움이다.**그림3** 어떤 그리움은 그 자체로 나를 살게 하는 의미가 된다. 하지만 결코 채울 수 없는 것이 그리움이다. 그리움은 오직 그리는 것만 허락한다. 콰야가 그리움을 대하는 태도는 사뭇 다르다. 콰야는 그리움에 겨워 그림을 그리지 않는다. 그리움을 추억하지 않고, 추억을 그리워하지 않는다. 콰야는 밤이 지나는 이 순간을 기억하려고 한다.

콰야는 앞으로 살아갈 날을 다짐하기 위해 이 순간을 그리움으로 짓는다. 그리움을 짓느라 밤을 지새운다. '지나갈 과(過)'와 '밤 야(夜)'를 붙여서 콰야(過夜)다. 콰야 작품에는 어린 사람이 주인공으로 나온다. 그리움을 짓는 행위는 어린 사람이 어울린다. 어른들은 의미를 쫓아 시간을 보내고, 이후에는 그리워하며 시간을 보내기에 어른들에게 시간은 보내는 것이지 붙들고 기억하는 것이 아니다. 아이들은 의

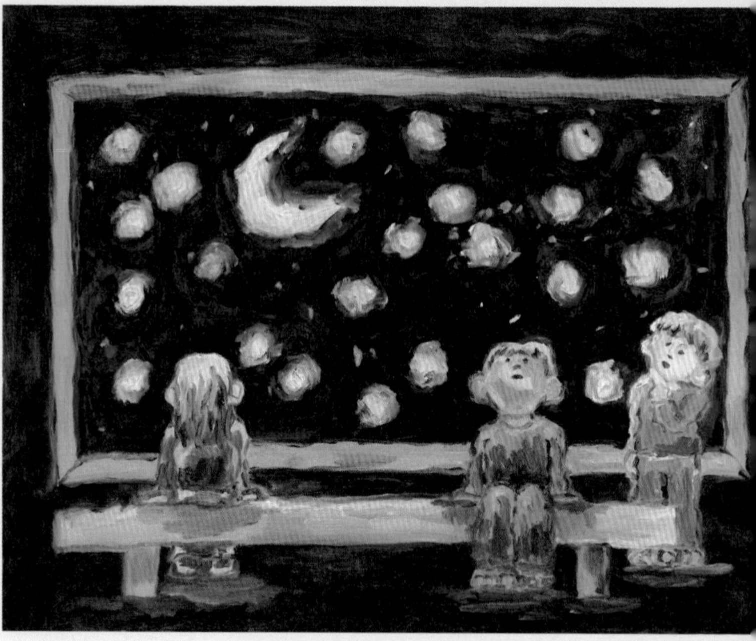

3 창 밖의 별 바라보기, 2021

캔버스에 유채, 117x91cm

미가 아니라 이 순간을 즐긴다. 아이들이 매 순간 충실한 이유다. 어마어마한 에너지가 필요한 일을 아이들은 무심하게 해낸다.

오늘 다시 만난 어린 사람은 어느새 다른 이야기를 시작한다. 한곳을 응시하는 모습에서 고집 비슷한 것이 느껴진다. '나는 없는 게 아니야. 불이 꺼지더라도 나는 다시 불을 켤 거야. 중요한 건 이 순간이야.'

사람이 변하면 그림도 변한다. 이런 변화를 밤새 글로 남기는 것 또한 그 순간을 기억하기 위해 그리움을 짓는 과정이다. 나에게 충격으로 다가왔던 그림. 그 장면에 왜 끌렸는지 알지 못해 답답했던 순간. 침묵 뒤에 숨은 진실을 알기 위해 밤을 지새웠던 나날들. 누구의 뒤통수만 쫓았던 그 시간까지도 나중에 두고두고 기억할 그리움을 짓는 풍경이다. 누구나 한 번쯤은 밤을 지새우며 서로에게 위로가 되는 경험을 했을 것이다. 그때 누군가 해맑게 말했다. "지금 이 장면 두고두고 기억날 거야." 먼 훗날 꺼내 볼 그리움을 짓는 작가, 콰야의 <촛불을 켜고>다.

“

행복 없이
행복해지자

”

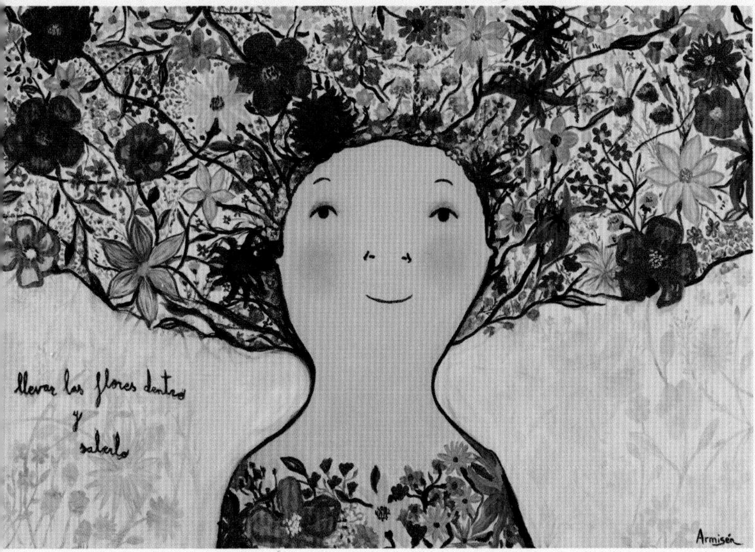

full of flowers, 2018

에바 알미슨

캔버스에 유채, 130x195cm

헉! 영혼마저 털렸다. 겹겹이 세워 둔 방어선이 일거에 무너졌다. 그런데 이상하다. 뭔가 포근하고 충만한 느낌이다. 다행히 하나가 남아 있었다. 바로 행복이다.

에바 알머슨(Eva Armisen, 1969~)은 행복을 그리는 화가다. 그림 앞에 서면 도무지 행복하지 않을 수 없다. 이 순간만큼은 모든 근심을 잊고, 나는 행복한 사람으로 다시 태어난다.

나는 행복할까? 밑도 끝도 없이 떠오른 질문 앞에서 나는 행복과 불행 사이 어디쯤 있을지 한참을 고민한다. 세끼 밥을 먹었고, 일할 직장이 있고, 돌아갈 집과 가족이 있다. 나는 행복하다. 아니 행복해야 한다.

'자기 영혼의 떨림을 따르지 않는 사람은 불행할 수밖에 없다.'[5]라는 문구를 읽는 순간, 내가 그동안 알았던 행복은 색을 잃었다. 나는 핀에 꽂혀 박제된 행복을 붙들고 살았다. 그 행복은 에탄올 가득한 유리병에 갇힌 채 부패하지 않는 절대적인 것이었다. 그때마다 막연히 다른 무엇을 간절히 기대했는데, 내게 절실한 무엇을 그 문구를 읽는 순간 깨달

5) 파스칼 메르시어, 『리스본행 야간열차』, 들녘, 2014, p44, 아우렐리우스 『명상록』에 나오는 문구로 『리스본행 야간열차』 전은경 번역을 채택했다.

았다.

절실한 무엇을 찾았다는 위안은 그때뿐이었다. 나는 스스로 핀을 뽑고 행복하게 날지 못했다. 주위를 둘러보면 다들 비슷했다. 자기 영혼의 떨림보다 살아남을 수 있는 길을 택했다. 자신은 일인(一人) 기업의 대표이고 잘 팔리는 상품이어야 한다는 논리 앞에서 아무런 불만이나 이의제기 없이 자신을 해체한 채 상대방이 원하는 능력과 섬기는 자세로 재구성했다.

이렇게 일방통행이 팽배한 현실에서 나는 해체와 분석 그리고 재구성이라는 거울 앞에 나를 세웠다. 잘못을 저지른 아이 앞에서 훈계하는 부모가 그렇다. 그 과정은 설득이라는 이름으로 포장되었을 뿐, 폭력을 가하는 것이다. 충동적으로 행동하는 아이라면 적극적이고 열정적인 아이로 방향을 잡아 주어야 하는데, 순종하는 아이로 바꾸려고 한다. 아이는 좌절할 수밖에 없다. 이런 경험은 관계 사이에 벽을 쌓는다. 벽을 허물지 않으면 사람 사이는 점차 멀어진다. 다름을 인정하지 않는 만남은 나와 타인은 물론 새로운 무엇을 접할 때도 마찬가지다.

나를 가장 계몽적으로 대했던 건 다름 아닌 나였다. 일이 되어 가는 과정을 누구보다도 잘 알기에 현실은 감당하는 것이지 나 자신에게 공감과 위로를 먼저 건넬 수는 없었다. 나는 아무 문제가 없는 사람처럼, 겉으로 보이는 것이 전부인 양 그저 열심이었다. 나는 뒷걸음치는 아이를 붙들고 훈계하는 부모와 다르지 않았다. 어린 나는 벽을 높였고, 어느 시점부터 내 안은 들여다볼 수 없는 블랙박스와 다름없었다. 아무것도 보이지 않는다는 것은 내 안의 욕구를 전혀 알 수 없다는 뜻이다. 자기 욕구를 알 수 없다면 욕구는 없는 것과 매한가지이다. 욕구가 없는 나에게 그 어떤 자리도, 주위의 관심도 의미가 되지 못했다. '내가 없다'라며 존재를 부정하는 나만 존재했다. 세상이 권태롭게 느껴졌다.

문학비평가 황현산은 사랑이 필요하다는 말까지 권태롭게 느껴질 때, 사랑으로만 권태를 치료할 수 있을 때, 유일한 처방은 충격이라고 했다. 다만 반동 없는 길들어진 충격을 경계했다.[6)] 정해진 틀에 맞춰 해체되고 재구성되는 충격으로는 그 어떤 벽도 뛰어넘을 수 없다. 역사학자 유발 하라리는 인류가 충격 앞에서 공황에 빠지는 것은 오만이라고 했다. 공황은 상황을 정확히 안다는 우쭐한 느낌에 근거한다는 이유에서다. 공황을 당혹으로 바꾸는 것이 더 겸허한 자세라고 조언했다.[7]

공황에 빠져 자기 존재를 부정하는 것, 습관화되어 아무런 변화도 끌어내지 못하는 것, 모두 충격을 대하는 올바른 자세가 아니다. 아이 손을 잡고 길을 걸으면 아이의 시선으로 세상을 바라보기 위해 잠시 숨 고르는 시간이 필요하다. 우리의 시선은 바닥에서 멀어진 만큼 왜곡되었고, 그것을 바로잡는 순간 충격과 함께 우리에게 필요한 건 겸손이었다. 마음속에 울리는 목소리를 억압하지 않고 자연의 소리에 귀 기울였던 어린 시절로의 환동(換童)이다. 벽이 사라지면 정서는 공유된다.

인류는 오랜 시간 벽을 허물고 다른 사람과 정서를 공유하는 능력을 키워 왔다. 바로 상호성이다. 다른 사람의 행복 없이 나의 행복은 없다는 얘기다. 최소한 나의 현재가 누군가의 희생 위에 세워졌다는 것은 거부할 수 없는 사실이다.

---

6) 황현산, 『사소한 부탁』, 난다, 2018, p139
7) 유발 하라리, 『21세기를 위한 21가지 제언』, 김영사, 2018, p41

하지만 상호성은 벽 앞에서 좌절되고 진실한 관계로 이어지지 못한다. 미소가 햇살 같은 에바 알머슨은 어떤 충격을 통해 우리의 공감 능력을 회복시켜 주었을까?

한 뼘 넘게 양옆으로 벌어진 두 눈, 턱선 없이 얼굴에서 흘러내리듯 빚어진 목, 머리를 수놓은 꽃은 길로 이어져 꽃길만 걸으라고 한다. 자화상 속 그녀는 상상 속에서 볼 수 있는 얼굴이다. 당혹스러운 충격이다. 하지만 기분 좋은 충격으로 우리 사이에 세워진 벽이 죄다 허물어졌다. 방어선이 무너지면서 나는 그녀를 따라 아무것도 존재하지 않았던 처음의 시간으로 돌아간다. 자신이 자신을 스스로 규정짓지 않았던 그때는 그 어떤 상상도 가능했다. 이제야 그녀가 온전히 보인다. 보름달처럼 둥근 얼굴에 크진 않아도 포근한 눈빛이 매력적이다. 그녀 앞에서 나는 아무 망설임 없이 행복하다고 말한다.

다시 현실로 돌아오니 에바 알머슨의 행복 방정식이 궁금하다. 에바 알머슨 역시 마음대로 되지 않는 설렘 없는 삶에 힘들어 했다. 좌절 없는 희망은 허망한 바람일 뿐이다. 에바 알머슨은 수많은 문제를 안고 분주히 뛰어다니는 자신과 주위를 위해 용기를 냈다. 행복 없이 행복해지자. 고통에 기꺼이 곁을 내어 주자. 자신과 주위의 고통을 헤아릴 수 있을 만큼 삶에 너그러워지자고 다짐했다. 에바 알머슨은 캔버스 앞에 서서 붓을 지팡이 삼아 자신에게 마법을 걸었다. 행복한 그림은 자꾸만 길들어지는 자신과 단절하기 위해 선택한 충격 방식이었다. 그렇게 행복했던 일상을 자신만의 사랑스러운 스타일로 풀어냈다.

에바 알머슨은 세상의 모든 벽을 일방적으로 허물려고 하지 않았다. 그것은 또 다른 폭력이자 좌절을 불러올 뿐이다. 최소한 자기가 세운 벽은 문턱을 낮췄다. 다음은 우리 몫이다. 행복한 그림에 주위가 환기된다. 충분히 당혹스러웠다면 에바 알머슨이 당신에게 전하는 메시지를 잊지 말자.

"당신의 내면에는 꽃이 있고 당신은 그것을 압니다."

“

미래를 아는 사람은
미래를 이야기하지
않는다

”

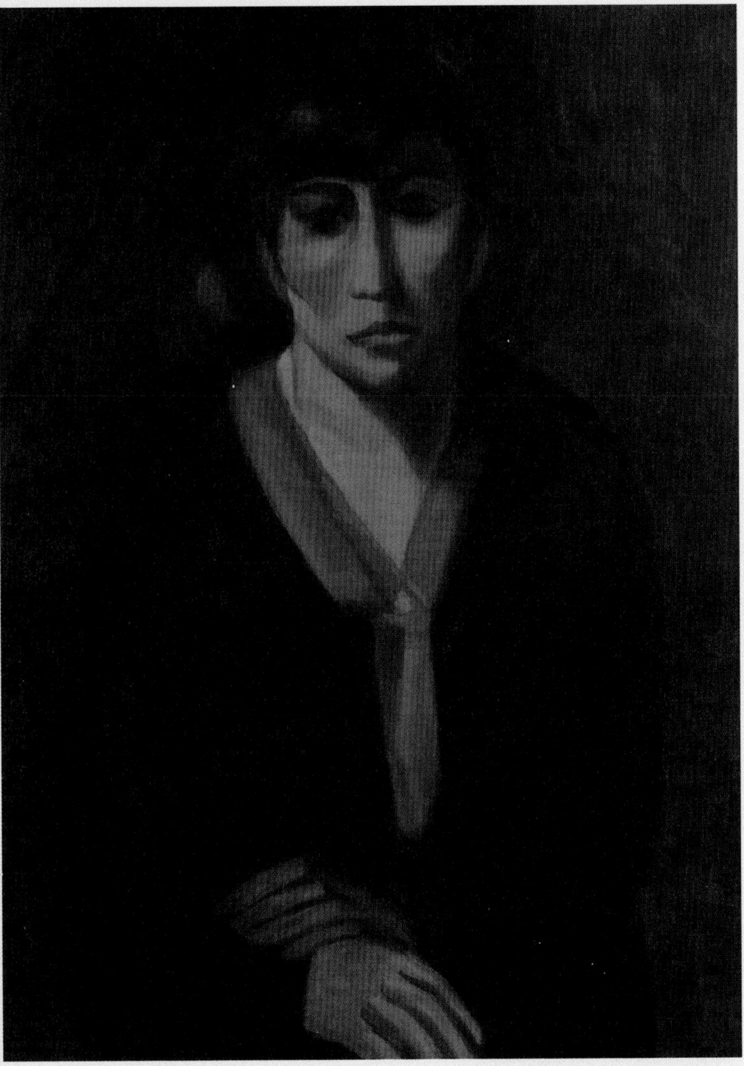

소장처 : 수원시립미술관 / © Suwon Museum of Art

자화상, 1928년 추정

나혜석

캔버스에 유채, 89x76cm

산다는 건 희망을 말하는 일이다. 몇 번 힘든 상황을 거치면 젊은 날의 사랑과 증오 같은 풍부했던 감정은 몽땅 지우고 기계처럼 살게 된다. 그렇게 살다가 문득 희망을 말하고 싶은 날이 있다. 침묵의 시간을 보낸 후, 온종일 말하고 싶은 날이면 나는 나혜석 거리[8)]를 찾는다. 나혜석 거리는 말하는 사람들로 가득하다. 정리되지 않은 감정에 정리되지 않을 감정이 더해지면 정리된 감정마저 취한 듯 휘청거린다. 거리는 아무 말 없이 우리 이야기를 들어 준다. 말하고 싶은 욕구가 바닥나고 주위가 환기될 즈음, 저 멀리 누군가 눈에 들어온다. 우리나라 최초의 여성 서양화가 나혜석(羅蕙錫, 1896~1948)이다.

나혜석은 20세기 초, 여성을 남성의 부속물 정도로 여겼던 남성 중심 사회에 정면으로 도전한 신(新)여성이다. 여성의 낮은 신분에 굴하지 않고 다른 사람보다 앞선 삶을 살았다. 선구적인 삶, 현재와 미래를 동시에 경험하는 드라마 같

---

8) 나혜석 거리는 수원 태생인 한국 최초의 여성 서양화가 나혜석을 기리기 위해 수원시 인계동에 조성된 문화 거리다. 보행자 전용 도로로 화구를 들고 있는 나혜석 동상과 차별을 뜻하는 벽 조형물 <잠들지 않는 길>이 있다.

은 삶이다.

부유한 집안 출신에 뛰어난 예술적 자질까지 겸비한 나혜석은 엘리트 과정을 밟았다. 그녀의 삶 자체가 우리나라 미술의 역사나 다름없었다. 나혜석은 외교관 출신 신랑과 함께 세계 일주에 나섰다. 신문명을 몸소 느끼면서 견문을 넓히고, 예술적 가능성을 모색하기 위해서였다. 나혜석은 예술의 도시, 파리에 체류할 때 이 자화상을 남겼다. 새로운 도전 의식으로 불타오를 시점에 그렸다고 보기에 그림은 전체적으로 우울하다. 어두운 배경 때문에 더욱 도드라진 얼굴에서는 희로애락(喜怒哀樂)이 느껴지지 않는다. 수많은 말이 쏟아지는 이 거리에 입을 다문 나혜석은 묘한 불안감을 준다.

나혜석과 동시대에 살았던 당시 사람들 역시 나혜석이 부르짖는 근대적 여성상을 불안한 마음으로 지켜봤다. '불안'이라는 감정은 시간이 지난다고 사라지지 않는다. 점점 사람의 마음을 파고든다. 사람들은 마냥 불안한 상태에 놓여 있으려 하지 않는다. 놀라운 사건이 일어나면 인과적 연관 관계를 밝혀서 그런 일이 왜 일어났는지 이해하려고 애를 쓴다. 사건은 보통 순서대로 경험되기 때문에 사람들은 원인과 결과로 사건 사이의 관계를 지각한다. 같은 조건이라면 같은 현상이 발생할 거라고 예상한다. 콩을 심고서 팥을 기대하지 않는다. 주어진 현실에 기반을 둔 인과론적 삶에 익숙하다. 나혜석은 이러한 인과 관계로는 설명할 수 없는 존재였다.

나혜석은 여성이라는 신분이 제한된 현실 속에서 새로운 희망을 이야기했다. 과거의 관습을 답습하는 미래를 거부했다. 현실에는 존재하지 않는, 그래서 미래에서 가져온 듯한 말로 저항했다. 나혜석은 소설 「경희」에서 조혼을 강요하는 무서운 아버지에게 떨리는 입술로 "보리밥이라도 제 노력으로 제 밥을 먹는 것이 사람인 줄 압니다. 조상이 벌어 놓은 밥 그것을 그대로 받은 남편의 그 밥을 또 그대로 얻어먹고 있는 것은 우리 집 개나 일반이지요."[9]라고 말했다. 아버지의 딸, 남편의 아내라는 인형은 나혜석 사전에 존재하지 않았다.

9) 나혜석, 『나혜석, 글 쓰는 여자의 탄생』, 민음사, 2018, p64

그런 신여성의 아이콘이었던 나혜석이 자화상에서는 망연자실한 시선과 다문 입술로 자신을 그렸다. 삶에 담긴 밝음과 어둠, 희망과 좌절 같은 내면의 갈등에서 길을 잃어버린 느낌을 지울 수 없다.

미래를 아는 사람은 미래를 이야기하지 않듯, 세월 전체를 지각한 사람은 세월을 이야기하지 않는다. 그것은 선택의 문제가 아니다. 자신에게 닥쳐올 미래를 숙명으로 받아들이고 그 미래가 오도록 지금 서 있는 여기에서 행하는 것이다. 시공간의 제한을 뛰어넘어 삶의 목적을 생각하게 한다. 나혜석에게 여성은 남성과 똑같이 평등한 인간이었다. 그것을 부정하는 세상이 이상한 것이지 자신이 이상한 것이 아니었다.

꿈꾸는 미래 뒷면에는 혼자 감내해야 할 고독과 좌절이 숨어 있었다. 나혜석은 미래를 아는 경험에서 자신이 감당해야 할 삶의 무게까지 동시에 느꼈을 것이다. 나혜석의 일상은 혼돈 속으로 자신을 던지는 투쟁의 연속이었다. 일상에서는 사치라며 묻어 두었던 감정이 굴레를 벗어난 파리에서 자연스레 드러난 것이다.

나혜석은 파리에서 사귄 '최린'과의 만남 탓에 이혼당했다. 세상으로부터 패륜을 저지른 여인으로 낙인찍혔다. 자식들과 만나지 못하는 것보다 더한 아픔은 없었다. 낳아 준 부모마저 나혜석을 외면했고, 나혜석은 정해진 거처 없이 떠도는 삶을 살았다. 이런 역경 속에서도 나혜석은 한 치 양보 없이 신여성의 진취적인 모습을 잃지 않았다. 삶의 처음부터 끝까지, 여성은 주체적 인간이라는 근원적 목적을 지각하고 자기 삶을 바쳤다. 나혜석 거리에 서면 평등한 세상을 살았던 나혜석을 만난다. 이상한 것은 세상이지 자신이 아니라고 저항하는 나혜석을 만난다. 저항한 크기만큼 내면에 쌓였을 좌절과 그리움을 만난다.

나혜석과의 만남은 속내를 털어놓고 속 시원히 떠나려던 나를 돌아서게 한다. 나혜석은 거리의 낯선 시선을 눈치챘는지, 망연자실한 표정을 거두고 자리에서 일어선다. 고개를 들어 차별을 뜻하는 벽 조형물, '잠들지 않는 길'을 향한다. 화구를 담은 가방을 두 손으로 끌며 한참을 걸어가더니 나를 돌아본다. 굳게 다문 침묵에서 희망을 노래하겠다는 다짐이 느껴진다. 내가 쏟아 낸 말에는 많은 이야기가 담겨 있다. 그동안 걸어왔던 길을 돌아보면 이야기한다고 이뤄진 기적은 없었다. 미래를 아는 사람은 미래를 이야기하지 않는다. 미래는 지나온 길에서 찾을 수 있는 정직한 것이기 때문이다.

“

화가는
그림으로 말한다,
사랑한다는 말도

”

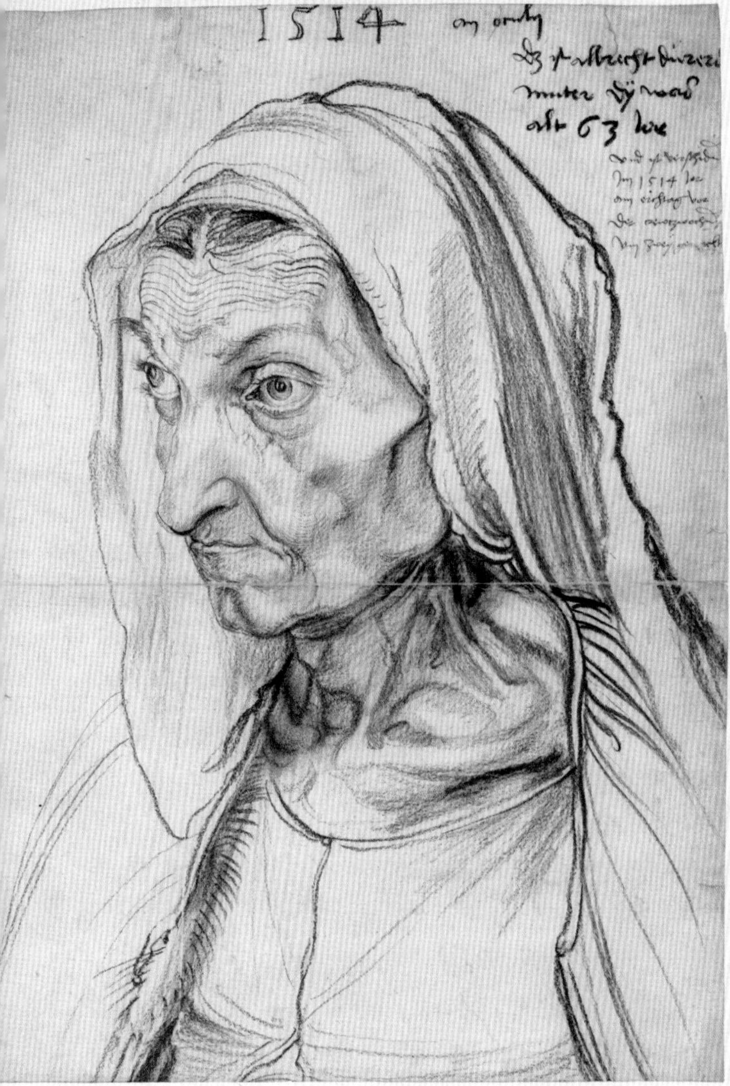

· 화가 어머니의 초상화(Portrait of the Artist's Mother at the Age of 63), 1514
알브레히트 뒤러
종이에 목탄, 42.2x30.6cm

화가는 오직 그림으로 말한다. '사랑한다'는 말도 마찬가지다. 말과 생각은 그릇에 담기는 것이 아니기에 앞뒤가 맞지 않아도 은근슬쩍 넘어갈 수 있다. 잘못된 부분은 글로 쓰고 소리 내어 읽어야 선명하게 드러난다. 단절된 부위를 메우고 맥락이 통하게 고치면서 생각을 온전히 세워 나간다. 화가에게 그리는 행위는 결국 자기 고백으로 귀결된다. 그렇기에 캔버스는 대상을 올리는 단순한 무대가 아니라, 자신을 비추어 왜곡된 인식을 바로잡는 삶의 최전선이다.

'북유럽의 레오나르도'로 존경을 받는 알브레히트 뒤러(Albrecht Durer, 1471~1528)는 중세 말과 르네상스 전환기에 북유럽을 대표했던 화가다. 새로운 지식과 기술을 적극적으로 받아들여 독일 전통에 자연스럽게 스며들게 했다. 독일이 유로화를 도입하기 이전, 화폐에 그림이 실릴 만큼 독일 미술의 아버지로 추앙받는 인물이다.

이탈리아 거장들과 어깨를 나란히 했던 뒤러는 천재 화가로 불렸다. 회화와 판화, 그리고 소묘까지 최고의 반열에 올랐고, 인문과 회화 이론은 물론 자연과 식물 연구에도 성과를 냈다. 특히 사실주의라는 북유럽 미술 특성을 발판 삼아이탈리아 르네상스와 결이 다른 혁신을 이뤄 냈다. 한 번도 보지 않고 풍문만으로 그린 코뿔소는 실제보다 더 정교했다.**그림4** 뒤러가 그린 토끼 역시 작은 눈동자를 확대하면 검은 눈동자에 비치는 창문을 확인할 정도로 섬세하고 사실적이었다.**그림5**

독일의 유명한 제품 로고는 그 원류를 뒤러에서 찾는다. 알브레히트 뒤러의 머리글자를 채용한 'AD'라는 모노그램을 그림에 넣어 자기 그림을 증명했다.[10] 명성에 걸맞은 실력과 뚜렷한 자의식으로 대중의 인기를 한몸에 받았다.

<화가 어머니의 초상화>는 뒤러가 자신의 화려한 예술세계와는 달리, 목탄으로 그린 소묘다. 윤기 없이 푹 꺼진 볼에 광대뼈가 도드라져 보인다. 목과 이마의 굴곡진 주름은 험한 세파를 떠올리게 한다. 꾹 다문 입은 그녀가 인고의 세월을 어떻게 견뎌왔는지 말해 준다. 세상은 그녀에게 한 번도 친절하지 않았다. 18명 자식을 낳았고, 16명을 가슴에 묻었다. 질병과 배고픔은 고통스러운 일상의 동행이었다. 전

---

10) 닐 맥그리거, 『독일사 산책』, 옥당, 2016, p313

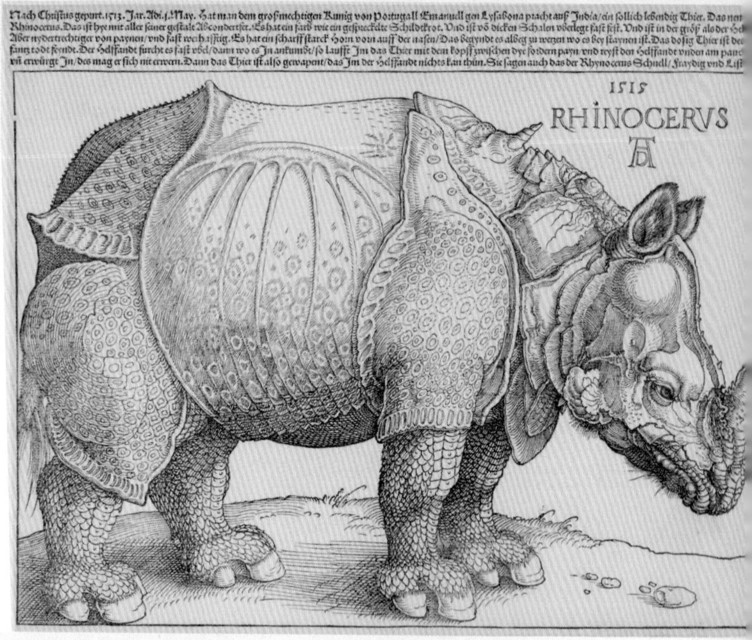

4 코뿔소(Rhinoceros), 1515

목판화, 23.8x30.1cm

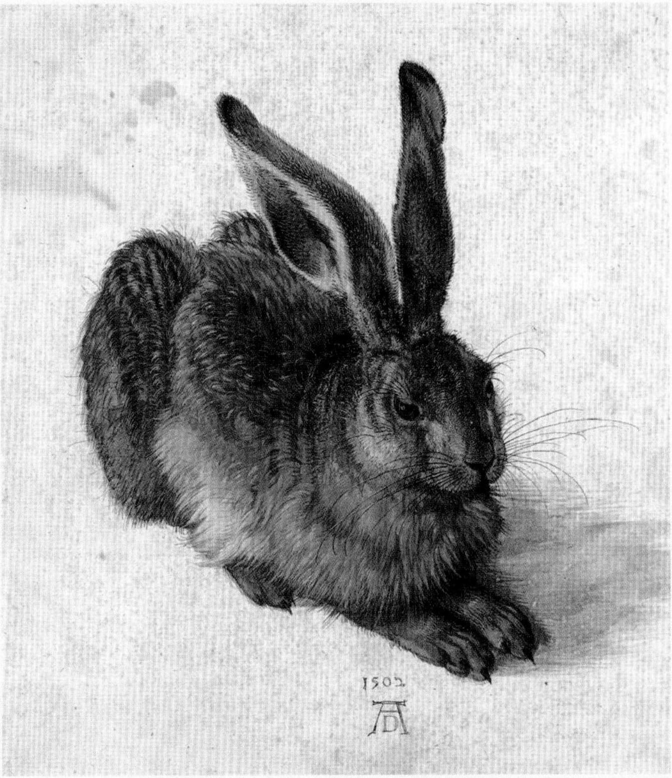

5 어린 토끼(Young Hare), 1502

종이에 수채, 25x22.5cm

방을 직시하는 시선에는 세상 풍파로부터 지켜야 할 무엇을 생각하게 한다. 고개를 돌리고 외면하는 순간 모든 게 무너진다. 인내로 일관된 어머니의 태도는 그녀를 그리는 자식 앞에서도 흐트러지지 않는다. 그녀의 부릅뜬 눈에서 운명 앞에서 절대 나약하지 않겠다는 다짐이 느껴진다. 그녀의 삶에 여백이 있었을까. 그림에 보이는 하얀 여백이 더 이상 빈 공백으로 보이지 않는다.

주인공은 뒤러의 어머니 바르바라 홀퍼(Barbara Holper, 1451~1514)다. 젊은 시절, 뒤러는 어머니를 자주 그렸다. 화가에게 어머니는 가장 찾기 쉬운 모델이다. 소묘로 밑그림을 그리고 그 위에 색을 입혔다 **그림6** 얼굴에 주름 하나 없는 곱디고운 모습은 우리 기억 속 어머니다. 그녀는 우리의 어린 시절을 꾸며 주었고, 기대하는 공간을 채워 주었다. 이젠 우리가 그녀의 여생을 꾸며 주어야 한다. 하지만 우리는 그녀 앞에서 여전히 기대한다. 주름진 얼굴과 손등 그리고 굽은 허리를 보면서도 아낌없이 주기만 하던 예전 모습만 기억한다.

여행에서 돌아온 뒤러는 오랜만에 어머니를 찾았다. 그런데 어머니 모습이 예전과 달리 생경했다. 우리 나이로 환갑

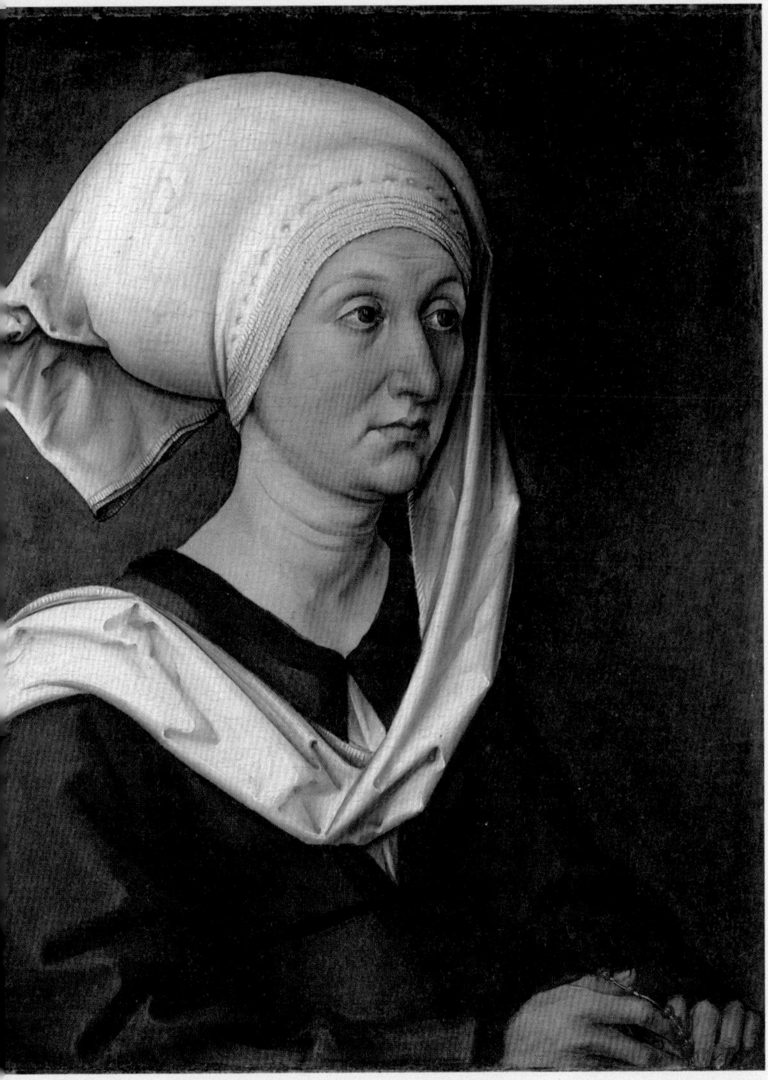

6 뒤러 어머니의 초상(Portrait of Dürer's Mother Barbara), 1490

패널에 유화, 47x35.8cm

을 넘긴 어머니의 얼굴에 병색이 완연했다. 그림을 준비하는 뒤러의 마음이 급해졌다.

뒤러는 <화가 어머니의 초상화>를 오로지 검은 선과 흰 여백으로 그렸다. 맹목적 기대로 얼룩진 어머니를 향한 시선은 무의식에 가까웠다. 그 시선을 의식의 영역으로 옮기려는 듯 색을 입히지 않았다. 무의식과 의식이 교차하는 순간, 공간은 긴장감으로 채워졌다. 눈앞에 어머니는 왜곡의 껍데기를 벗은 후에야 손으로 만질 수 있을 것처럼 현실적으로 다가왔다.

뒤러는 그림을 그리는 내내 마음속으로 눈물을 삼켰다. 삼킨 눈물로 자기 안에 잘못 새겨진 어머니의 색을 하나둘 지워 나갔다. 상황에 따라 눈물은 다른 의미를 갖는다. 뒤러가 흘린 눈물은 참회나 속죄와는 결이 달랐다. 참회하고 속죄한다고 세상이 달라질까.

오늘 우리가 흘려야 할 눈물은 내 안에 잘못 새겨진 어머니의 색을 지우는 눈물이어야 한다. 일상에 숨은 내 안의 왜곡을 지우는 일이다.

화가의 어머니는 초상화가 그려진 두 달 뒤에 유명을 달리했다. 오늘은 뉘른베르크에 살았던 천재 화가 뒤러의 시선을 빌려 흑백으로 그려진 어머니를 만나려고 한다. 딱 한 번이라도 진실하게 그려 보고 싶다.

“

사랑에
마침표는
없다

”

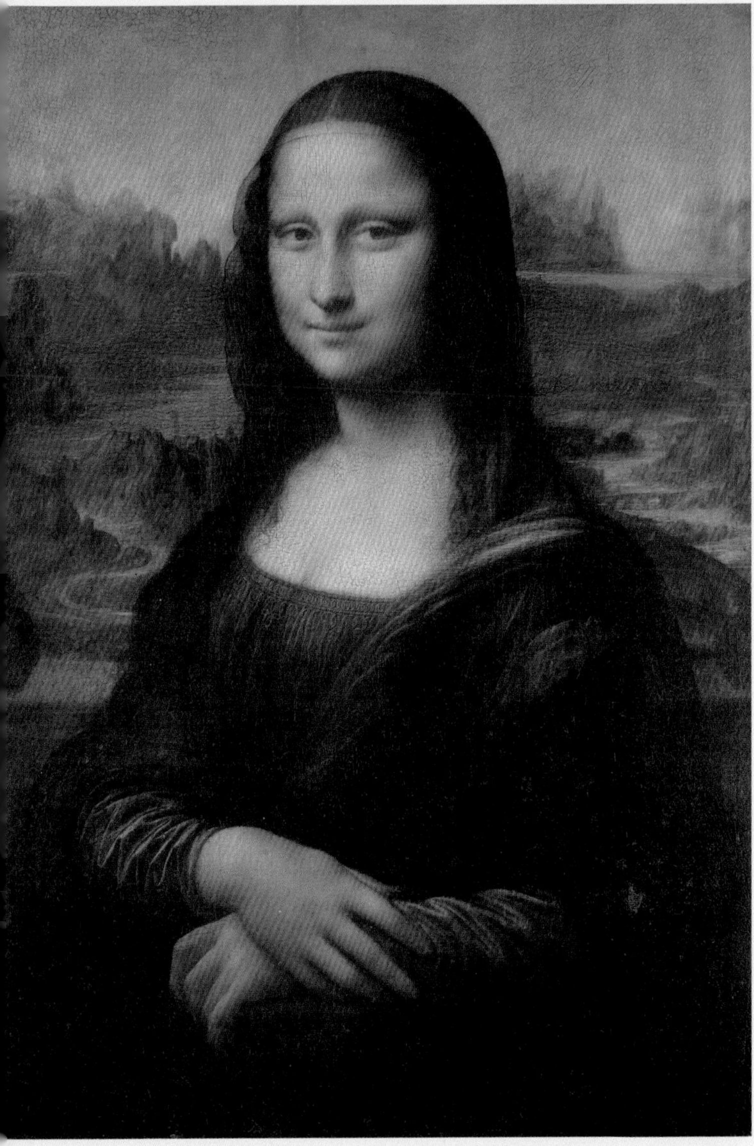

모나리자(The Mona Lisa), 1503~1517
레오나르도 다 빈치
목판에 유채, 76.8x53cm

레오나르도 다 빈치(Leonardo da Vinci, 1452~1519) 작품 중에서 완성된 작품은 드물다. 주문 제작이어도 작품의 완성 여부는 레오나르도 자신에게 달렸다는 주장을 굽히지 않았다. 만족스럽지 않은 작품은 내놓지 않았다. <모나리자> 역시 밀라노와 로마 그리고 인생을 마감한 프랑스로 들고 다니며 조금씩 다듬었다. 미완의 작품 앞에서 팔짱을 낀 채로 하루 종일 사색하는 일이 더 많았다.

레오나르도에게 그림은 자기의 진실을 담는 그릇이었다. 그 진실로 인해 보는 사람의 마음이 움직인다면 보편성을 얻어 명화로 거듭날 터였다. 어떤 사상과 경험이 정당성을 얻는 과정을 거쳐 인류의 본성으로 인정받을 때 우리는 '보편성이 있다'고 말한다. 오늘날의 인권과 평등이 보편성을 얻기까지 인류가 걸어온 길은 멀고도 험난했다. 보편적 진리는 영원한 것이 아니라, 시대정신에 따라 도전을 받으면서 집단의식으로 자리 잡는다. 그렇다면 <모나리자>의 미소가 획득한 보편성은 어떤 점에서 사람의 마음을 움직였기에 사람들은 <모나리자>의 미소에 가장 신비롭고 매력적이라는 지위를 부여했을까?

우리가 형태를 잡을 때 무의식적으로 사용하는 점과 선은 사실 수학적 개념이다. 자연은 수학을 모른다. 자연에는 정확한 점과 선이 존재하지 않는다. 분명한 윤곽선으로 사물의 경계를 그리는 순간, 사물은 박제처럼 굳은 듯 딱딱하고 어색해진다. 레오나르도는 윤곽선이 분명한 선배들의 그림을 보면서 확신했다. 사물의 윤곽선은 선으로 그리면 안 된다! 자연은 사물의 형태를 빛과 어둠으로 표현한다. 형태는 어둠에 묻히면 사라졌다가 빛을 받으면 드러난다. 빛과 어둠은 서로 스며들면서 사물의 형태에 무한한 변주를 부여한다.[11)]

선으로 윤곽선을 그리면 그 어떤 어둠도 사물을 스미듯이 보듬어 주지 못한다. 수용 받지 못한 존재는 자신의 진짜 마음을 드러내지 않는다. 보이는 세계는 손에 잡히지 않는 속성을 지녔다. 오직 우리가 인식의 불확실성을 인정할 때, 보이지 않는 세계는 실체를 드러낸다.[12)] 미술사학자 에른스트 곰브리치(Ernst Gombrich)가 "윤곽을 그처럼 확실하게 그리지

11) 월터 아이작슨, 『레오나르도 다빈치』, arte, 2019, p347
12) 월터 아이작슨, 『레오나르도 다빈치』, arte, 2019, p614

않고 형태를 마치 그림자 속으로 사라지는 것같이 약간 희미하게 남겨 두면 (중략) 하나의 형태가 다른 형태 속으로 뒤섞여 들어가게 만들어 무엇인가 상상할 여지를 남겨 놓는 희미한 윤곽선과 부드러운 색채"[13]라고 극찬했던 회화 기법, '스푸마토(sfumato)'는 밝음과 어둠 사이의 변주만큼이나 다양한 인간의 감정과 대자연 앞에서 레오나르도가 취했던 겸손의 방편이다. 스푸마토는 손가락으로 문질러 안개처럼 흐릿하게 그림자와 깊이를 표현하는 방식이다.

그렇다면 스푸마토 기법은 어떤 표정을 그릴 때 효과적일까? 호탕한 웃음은 날개가 달린 듯 하늘로 비상한다. 안쓰러운 한숨은 땅이 꺼질 듯 바닥을 내리친다. 웃음과 한숨은 자신이 가야 할 길을 안다. 그래서 쉽게 드러나고 쉽게 포착된다. 미소는 다른 표정과는 결이 다르다. 미소는 눈과 입으로 표현된다. 과하면 가볍고 부족하면 어둡다. 살짝 웃자니 눈꼬리에서 입술 가장자리까지 전면 근육이 미세하게 떨린다. 차라리 크게 짓는 표정이 낫지, 미세한 떨림을 한동안

13) 에른스트 H. 곰브리치, 『서양미술사』, 예경, 2017, p300

유지하기란 쉬운 일이 아니다. 물이 가득 찬 그릇에서 물 한 방울 흘리지 않고 이동하려면 큰 힘이 아니라 미세한 떨림을 일정하게 유지해야 하는 것과 마찬가지다. 미소는 떨림이다. 높고 낮음이 끊임없이 교차해야 떨림이 된다. 나비의 날갯짓보다 가벼운 미소의 떨림은 밖으로 드러나는 모습만으로는 포착할 수 없다. 정해진 무엇이 아니라 떨림으로 존재하기 때문이다. 즉, 감을 잡을 수 없는 것이 미소다.

알 듯 모를 듯 미소를 담아 내는 일은 입꼬리 선 하나를 살짝 올린다고 되지 않는다. 희미한 미소 이면에 숨겨진 보이지 않는 근육과 신경의 움직임, 그 움직임에서 비롯된 떨림의 부피감, 그 부피감을 드러내는 빛과 색의 상호작용이 그림 안에서 살아 숨 쉴 때 비로소 가능하다. 레오나르도는 어두운 영안실에서 시체의 피부를 벗겨 근육과 신경을 관찰하며 여러 밤을 지새웠다. 물 소용돌이나 꼬불꼬불한 머리카락을 관찰하면서 기하학을 시각적 그림으로 풀어 냈고, 자연의 패턴에 담긴 형태 변화 과정을 이해했다. 포착하기 힘든 입체감을 살리기 위해 다양한 각도에서 들어오는 빛의 상호작용과 이에 따라 부드럽게 전환되는 색의 변화를 관찰했다. 시선의 움직임에 따라 조금씩 다르게 보이는 <모나리자>의 미소는 해부학, 빛과 광학 그리고 경계를 흐릿하게 만들어 무한한 변주를 표현한 손끝에서 시작됐다.

레오나르도의 다른 그림 <최후의 만찬>에는 "너희 중의 하나가 나를 팔리라"라는 예수의 말이 있었던 직후, 제자들의 반응이 담겼다. 충격에 휩싸인 열두 제자의 동작을 보면 마치 영혼을 실은 감정의 파문이 예수를 중심으로 밀려오는 것처럼 느껴진다.**그림7**

이렇게 감정의 표현에 능통한 레오나르도는 리자 부인에게서 느낀 다양한 감정을 캔버스에 담아 완성이라는 말로 포장해서 의뢰인에게 전달할 수 있었다. 레오나르도는 그렇게 하지 않았다. 죽기 전까지 이 그림을 보관하면서 반복해서 고치고 다듬었다.

의뢰받은 초상화 한 점에 레오나르도가 이렇게까지 심혈을 기울인 이유는 무엇이었을까? 초상화 모델이 되어 화가 앞에 앉아 본 사람이라면 그 시간이 자신을 낯설게 바라보는 계기가 된다는 것을 금방 깨닫는다. 그 시간만큼은 들고 나는 숨에서 비롯되는 온전한 나의 감각과 보이지 않는 근

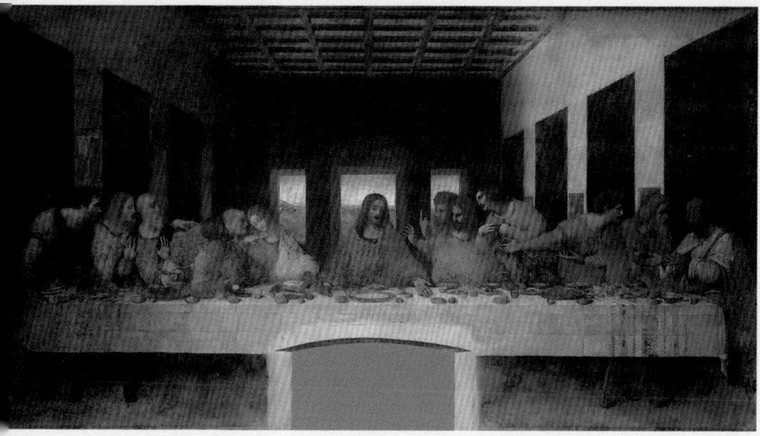

후의 만찬은 예수 그리스도가 십자가에 못 박히기 전날 밤 열두 제자들과 가진 저녁 식사 자리를 그린
림이다. “너희 중의 하나가 나를 팔리라”라는 예수의 말이 있었던 직후 제자들의 반응이 담겨 있다. 이
리아 산타 마리아 델레 그라치에 있는 수도원 식당 벽화이다.

/ 최후의 만찬(The Last Supper), 1495~1496

회반죽에 템페라, 460x880cm

육의 떨림까지, 평소에는 관심을 두지 않았던 나 자신을 의식하게 된다. '나'이면서 또 하나의 '우주'를 만나는 시간이다. 복잡한 일련의 심리적 반응은 자연스럽게 표정으로 나타난다. 드러난 표정과 몸짓은 앞에 있는 화가에게도 전달된다. 표정에 담긴 복잡한 감정을 담아낸 그림이라면 그 초상화는 살아 숨 쉬는 그림일 것이다.

리자 부인은 손만 내밀면 닿을 듯 가까운 거리에 있었다. 부드럽게 전해 오는 숨결에서 레오나르도는 그녀의 표정과 몸짓 하나하나에 의미를 부여하고 분명한 선으로 그리고 싶다는 유혹을 느꼈다. 그렇게 그린다 한들 누구 하나 레오나르도를 향한 찬탄과 존경을 거두지 않았을 것이다. 레오나르도의 손끝은 생각이 달랐다. 그녀의 숨결은 레오나르도를 향한 게 아니었다. 그녀는 내면으로 침잠하여 자신만의 우주와 만나는 중이었다. 그 만남에서 일어나는 잔잔한 감정의 파문은 레오나르도가 미칠 수 없는 곳에 있었다. 겉모습만으로 사람의 진짜 마음을 알 수 없다는 게 역사상 가장 뛰어난 혁신가의 깨달음이었다. <모나리자>의 미소는 잡힐 듯 잡히지 않는, 보일 듯 보이지 않는 인간의 마음을 닮았다. 그래서 자연을 닮은 인간의 본성을 찾아가는 여정으로 읽어야 한다.

레오나르도의 삶은 보이는 세계와 보이지 않는 세계를 연결하려는 지적 탐구의 연속이었다. 사랑하는 마음으로 오래 보고 자세히 보았다. 사랑에 마침표가 없듯, 레오나르도에게도 마침표가 없었다. <모나리자>를 미완성의 완성으로 평가하는 이유다. 최고의 완성은 미완성이다.

2부

비춤,
네게서 나를 읽다

"

어제의 그 물고기는 존재하지 않는다

"

일곱 번째 이야기

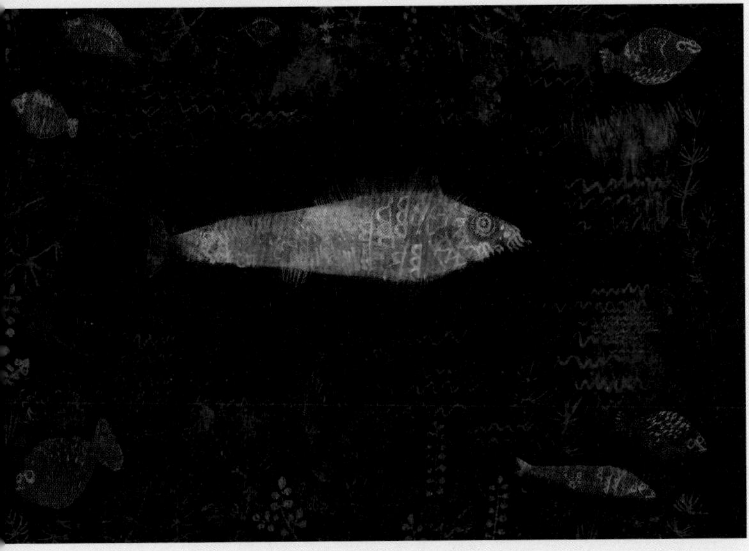

황금물고기(The Goldfish), 1925
파울 클레
종이에 유채·수채, 49.6x69.2cm

현관문을 열었을 뿐인데 나는 바닷속 깊은 곳에 서 있다. 동화 속 한 장면을 그대로 옮겨 놓은 듯한 그림, 파울 클레(Paul Klee, 1879~1940)의 <황금물고기>다. 클레는 꿈과 동심의 세계를 환상적 색채로 표현한 화가다. 클레가 황금물고기를 그린 배경을 밝히지 않아서 어떤 의도로 그렸는지를 두고는 해석이 분분하다.

클레는 '바우하우스'라는 독일 예술 종합학교 교수였다. 1차 세계대전과 경제 불황의 그늘이 짙었던 당시는 기존 질서에 대한 저항과 허무가 시민들 사이에 팽배했다. 인간을 소외시키는 문명에 대한 거부로 전통적인 구상보다 추상을 선호하던 시기였다. 추상 화가들은 자연에서 형태를 빌리지 않고 선과 색채만으로 세상에 존재하지 않는 새로운 조형을 창조할 수 있다고 자신했다. 당시 추상 미술의 기세는 거칠 것이 없었다. 하지만 클레는 자연과 기존 질서를 부정하는 데 매몰되지 않았다.

클레는 <천재의 유령>**그림8**처럼 형태와 씨름하는 과정에서 점차 드러나는 어떤 형상을 나름의 모습으로 구체화하고, 그 모습을 환상적인 경지까지 끌어올리는 데서 희열을

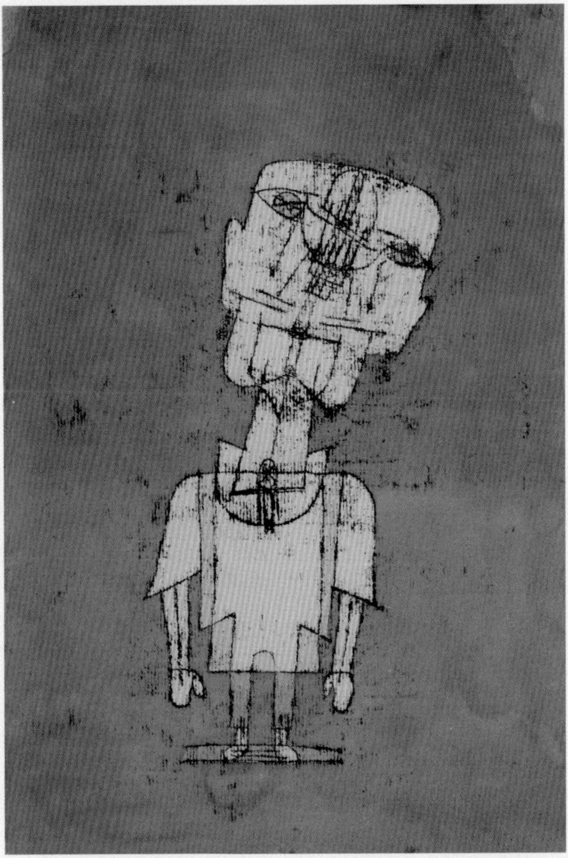

* 자신을 잃어버린 천재가 드넓은 광야에 허망하게 서 있는 것 같다. 텅 빈 마음은 유령처럼 황량해 보인다. 인간은 이성적 사유를 통해 세상을 건강하고 풍요롭게 만들 수 있다고 자신했다. 결과는 처참했다. 전쟁, 인종 청소처럼 이데올로기와 욕망의 수단으로 변질한 이성의 폭주를 지켜봐야 했다. 이 작품은 파울 클레 자신을 포함한 우리 모두의 자화상이다. 클레는 이리저리 형태를 붙들고 씨름하는 과정을 통해 <천재의 유령> 같은 현실적이면서 동시에 환상적인 형상을 발견했다.

8 천재의 유령(Ghost of a Genius), 1922

종이에 유채·수채, 50x35cm

느꼈다. 이러한 조형 방식이, 무(無)에서 유(有)를 만드는 것보다 자연의 동작 원리에 훨씬 더 부합한다고 믿었다. 클레가 형태의 유희를 통해 끌어낸 형상이 현실적이면서 동시에 환상적인 주제를 상상하게 하는 이유다.[14] 겉으로만 보면 클레는 구상과 추상 사이에서 외줄 타기를 한 것처럼 보이지만, 질서와 체제 속에서 음악처럼 조화로운 그림을 추구했다.

클레는 일곱 살 때부터 바이올린을 배웠고 수준 높은 연주 실력을 뽐냈다. 클레 그림에서 느껴지는 선의 리듬과 색채의 멜로디는 음악이 그의 그림을 이해하는 열쇠라는 걸 알려 준다. 리듬은 단순한 반복이 아니다. 높고 낮고, 빠르고 느리고, 규칙과 불규칙 사이에서 균형을 잡는 일이다. 독일 나치 정권은 클레 작품이 현실적이지 않고 퇴폐적이라며 교단에서 내쫓고 작품을 압수했다. 황금물고기를 나치 정권에 빗댔다는 해석이 있다. 겉보기엔 번쩍번쩍 빛나지만, 퀭한 눈을 보면 맞는 이야기 같다.

---

14) 에른스트 H. 곰브리치, 『서양미술사』, 예경, 2017, p578

황금물고기만 따로 떼어 생각해 보자. 주위에 해초와 작은 물고기들이 빠진 그림이다. 아. 황금물고기구나! 멋지다. 예쁘다. 이런 그림 하나 집에 걸어두고 싶다. 황금물고기만 있는 그림은 감상하기 좋은 그림이다. 이런 그림 앞에서 관람객들이 얼마나 오래 머물 수 있을까? 단순히 감상하는 그림은 관람객을 오래 붙잡지 못한다.

다시 처음 그림으로 돌아가 보자. 무엇이 달라졌을까. 파란색 선과 수초가 눈에 띈다. 무엇보다도 물고기 친구들이 보인다. 그런데 친구들이 조금 이상하다. 황금물고기와 거리를 두고 눈을 마주치지 않는다. 친구들은 황금물고기와 사이가 나쁜 것 같다. 이렇게 황금물고기 옆에 친구들을 그린 것만으로 다양한 이야기가 만들어진다. 인간은 혼자 사는 동물이 아니다. 서로 어울려 이야기하고 다투면서 관계를 맺는다. 감상하는 그림에서 관계를 맺는 그림으로 바뀌는 순간이다. 서사가 있는 그림은 관람객을 오래 머물게 한다.

황금물고기는 잘난 체하는 물고기였다. 황금빛에 몸도 건장하다. 황금물고기가 자리 잡은 중심은 접촉면이 사방에 걸쳐 있다. 관계 맺기가 수월한 자리다. 그만큼 영향을 많이 받고 영향을 많이 끼친다. 경쟁의 시선으로 보면 관심이 집중되는 힘든 자리다. 속내를 털어놓을 친구가 있으면 위로가 될 텐데 친구들은 황금물고기를 외면한다. 가장자리에 있는 친구들은 잘난 체하는 황금물고기가 못마땅했다. 가장자리는 다른 말로 변방이다. 변화는 중심이 아닌 변방에서 시작된다. 변방의 변화를 중심부에서 감당하지 못하면 중심부는 혼란을 겪었다. 황금물고기는 친구들과 사이가 틀어지면서 느낀 바가 많았다. 다시 원만한 관계를 맺고 퀭한 눈을 맑게 바꾸고 싶다. 이야기가 여기까지 이르면 지금 보는 황금물고기는 반성을 통해 새로 거듭난 물고기가 된다. 어제의 그 물고기는 존재하지 않는다.

이 그림에서는 관계의 떨림이 느껴진다. 혼자 있는 황금물고기에게는 아무런 떨림을 느낄 수 없었다. 검푸른 바다가 아니라 에탄올 병 속에 박제되어 전시된 물고기 같다고나 할까. 황금을 둘렀어도 자기 혼자서는 아무런 관계를 맺을 수 없다. 꽃은 피었는데 주위에 벌과 나비가 없으면 그 꽃은 외롭다. 벌과 나비가 곁에 있어서 꽃은 향기를 갖는 것처럼 그림에도 이야기가 시작된다. 이야기가 있는 그림은 사람을 머물게 한다.

인류는 오랜 시간 동안 관계망 속에서 공감 능력을 진화시켜 왔다. 사람은 남이 하는 행동을 보기만 해도 내가 직접 그 행동을 할 때 뇌에서 벌어지는 것과 같은 과정을 자동으로 경험한다. 고통을 당하는 사람을 보면 내가 고통을 받는 느낌이 든다. 주위의 아픈 마음에 공감하는 것이다. 그림도 마찬가지다. 어떤 사람이나 어떤 장면에서 느껴지는 감정을 알기 위해서는 맥락과 상황이 이루어지는 관계를 중심으로 이해하는 것이 중요하다.

그림은 세 번 읽어야 한다. 화삼독(畵三讀)이다. 그림을 읽고, 작가와 그 시대를 읽고, 마지막으로 나를 읽는다. 먼저 그림을 보면서 황금물고기와 친구 사이의 틀어진 관계를 읽는다. 작가와 그 시대상으로 국가 권력이 국민의 생활과 예술을 통제했던 독일 상황과 이에 굴하지 않고 나치에 저항했던 파울 클레를 읽는다. 이제 나를 읽을 시간이다. 나 역시 황금물고기처럼 행동하고 있지 않은가. 깨닫고 나면 과거의 나로 돌아갈 수는 없다. 이미 어제의 나는 존재하지 않는다.

“

이젠
누구라도
될 수 있다

”

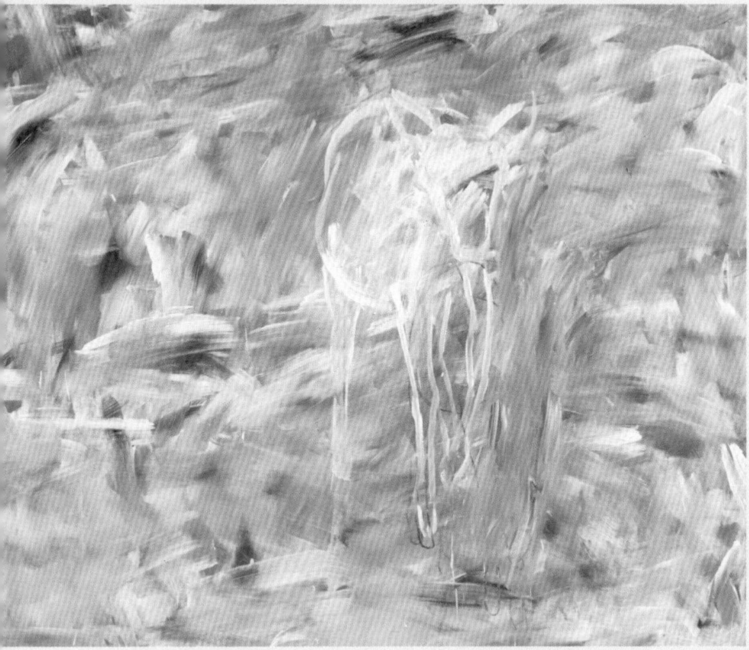

Courtesy of Lee Kang So Zagupsil, copyright by Artist

Untitled-90099, 1990

이강소

캔버스에 유채, 181.8x227.3cm

이 그림에 사슴은 없다. 내가 기억하는 사슴 이미지는 대부분 생(生)과 사(死)를 초월한 듯 한곳을 응시하는 모습이다. 모가지가 길어서 슬프고, 눈망울이 호수 같아야 사슴이다. 사슴은 자연에서 선이 이어진 것처럼 고결하고 조화롭다. 당신은 무심히 서 있는 사슴을 본 적이 있는가. 동물원 울타리 너머에서 먹이를 갈구하는 사슴을 말하는 것이 아니다. 숲에서 우연히 만난 사슴 말이다. 항상 일정한 거리를 두고 눈이 마주친다. 한참을 그렇게 마주 보고 시간을 보낸다. 무심히 서 있는 것 같지만 둘 사이에는 팽팽한 긴장감이 흐른다. 누군가 한쪽이 움직이기 전까지 마냥 벌을 서야 한다.

낙엽 쌓인 늦가을 어느 날, 동네 뒷산이 시작되는 오르막길에서 사슴을 만났다. 사슴은 아닐 것이다. 최고 포식자가 사라져 개체 수가 늘어난 고라니일 가능성이 높다. 마른 낙엽이 밟히는 소리를 들었을 땐 까치겠다 싶었는데 사슴과 눈이 마주쳤다. 설마 하는 만남에 내가 더 놀랐다. 상대의 정체를 확인하려고 고개를 쳐든 사슴의 목은 더 길어 보였다. 내가 움직이니 사슴은 뒤도 돌아보지 않고 뛰어갔다.

오늘 또 마주친 사슴은 그때처럼 무심히 서 있다. 분명히 나와 마주쳤는데도 산에서 만난 사슴처럼 바짝 긴장하는 모습은 보이지 않는다. 캔버스 안에 그려진 사슴은 내가 아는 사슴이 아니다. 그곳에는 사슴이 없다. 사슴이 없다면 더 이상 사슴이 아니어도 좋다. 나는 사슴을 다시 바라본다. 거친 붓질로 표현된 형체는 희미해지면서 간결해진다. 형체는 사슴이라는 환상을 벗고서 자기 이야기를 시작한다. 하얀 사슴은 이젠 누구라도 될 수 있다고 선명하게 말한다. 환상은 사라지고 이미지가 연결하는 관계들이 그 자리를 대신한다.

사슴은 예로부터 소통의 아이콘이었다. 하늘에 제사를 지낼 때 희생 동물로 쓰였다. 희생 동물은 하늘과 땅을 연결하는 힘이 있다고 여겨졌다. 삶과 죽음을 뛰어넘어 초월적인 공간으로 나아가고자 하는 욕구를 인간 대신 하늘에 전달했다. 그 자리를 호랑이나 곰이 대신할 수는 없다. 그들은 두려움을 주는 섬김의 대상이지 소통의 매개자로는 어울리지 않는다. 아무리 초월적인 존재라도 그 내면은 연약한 인간의 마음을 닮아야만 인간의 고뇌를 대변할 수 있다고 믿었다.

이강소(1943~)는 작품에 사슴, 배, 오리를 주로 사용했다.

배는 강의 이편과 저편을 오간다. 이곳과 저곳을 이어 소통하게 한다. '배'라는 공간 자체가 여백이다. 여백은 곧 있을 새로운 만남을 기대하게 한다. 작가는 캔버스의 조그마한 여백을 허투루 보지 않았다. 작은 붓질 한 번에 온갖 양상이 태어나고 사라지기 때문이다. 소우주가 열린 것처럼 여백은 자유로운 상상의 나래를 펼치는 공간으로 거듭난다.

이강소가 그린 대상은 차라리 획(劃)이다. 자연이 빚은 대상은 선으로 이어져 곧 나에게 닿을 것 같다. 한자 乙(을)을 흘려 쓴 것 같은 형상에는 강을 타는 오리 특유의 리듬이 느껴진다. 유유자적 유영하는 오리를 보고 있으면 어느새 오리는 사라지고 군무가 시작된다. 거기까지 이르면 오리가 나를 어디로 이끌지 상상이 가지 않는다.

윤동주가 항상 끼고 살았다던 백석(白石)의 시집 『사슴』에는 사슴이 나오지 않는다. 다른 시 「흰 바람벽이 있어」에 실린 "하늘이 이 세상에 내일 적에 그가 가장 귀해하고 사랑하는 것들은 모두 가난하고 높고 외롭고 쓸쓸하니 그리고 언제나 넘치는 사랑과 슬픔 속에 살도록 만드신 것이다"라는 대목은 우연히 사슴과 마주친 것처럼 멈칫하게 만든다. 높고 외롭고, 사랑과 슬픔 속에 사는 짐승, 비단 사슴만은 아닐 것이다.

하얀 사슴이 나를 맞이하는 이유를 이제야 알겠다. 그림 속에는 가난하고 높고 외롭고 쓸쓸하여, 사랑과 슬픔에 부대끼던 수많은 내가 있었다. 나를 온전히 살아 내는 듯한 사슴은 자기가 특별하니 챙겨 달라고 말하지 않았다. 무심히 나를 바라볼 뿐이다. 그곳에 사슴은 없다. 내일은 당신이 있을지 모른다. 그 자리를 묵묵히 지키며 인내하는 누군가가. 숲을 거니는 자유로운 누군가가.

“

자기
앞의
생

”

아홉 번째 이야기

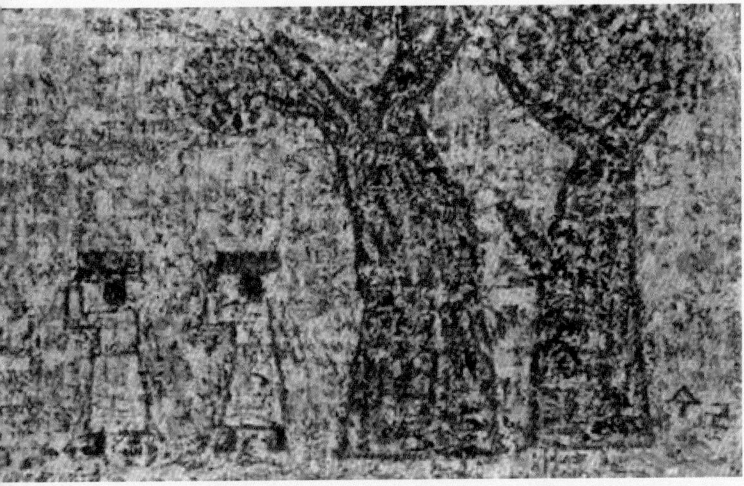

나무와 두 여인, 1964

박수근

패널에 유화, 14x24cm

혼란과 상실의 시대일수록 이상 세계를 동경하기 쉽다. 바깥에서 불어오는 새로운 사조에 휩쓸리기 십상이다. 미석(美石) 박수근(朴壽根, 1914~1965)은 일제 강점기, 6·25 전쟁이라는 역사의 질곡을 온몸으로 겪었다. 박수근은 보통학교에 다니면서 그림에 소질을 보였다. 상급학교에 진학해서 그림 공부를 이어가고 싶었지만, 가정 형편이 어려워 진학을 포기했다. 당시만 해도 화가를 꿈꾸는 학생이라면 일본 유학을 당연시하던 분위기였다. 박수근은 노동으로 생계를 꾸리며 틈틈이 독학으로 미술을 공부했다. 자기 앞만 보고 자기 마음 내키는 대로 살 수는 없었다. 자기 자리에서 묵묵히 삶의 무게를 견디는 서민들의 삶과 다르지 않았다. 박수근은 서민들의 생활상과 정서를 절제된 감정과 양식으로 표현했다.

'인간의 선함과 진실함을 그려야 한다.' 박수근이 생각하는 예술에 대한 견해는 평범하다. 박수근은 자신의 견해를 담아낼 형식을 오랜 기간 연마했다. 화강암의 표면과 같은 두툴두툴한 질감과 담백한 색채는 박수근의 독창적인 노력의 산물이다. 오랜 세월을 거친 석불이나 석조 건축물의 표면에서 느껴지는 정서를 캔버스에 그대로 옮겼다. 장구한 세월이 느껴지는 형식 위에 올리는 내용인데 한순간 타오르는 영화(榮華)는 어울리지 않는다. 강한 남성이나 우아한 차림의 신여성을 올릴 수는 없다.

박수근은 일상에서 만나는 평범한 인간상을 즐겨 그렸다. 박수근의 그림에는 제한된 소재가 반복적으로 등장한다. 아무리 재미있는 일도 자꾸 반복하면 정형화되고 싫증 나기 마련이다. 그러나 박수근은 이러한 반복을 즐겨 사용했다. 반복을 즐기는 사람은 끊임없이 일상을 탐구하는 사람이다. 반복되는 일상을 추상해서 불필요한 것을 없애고 진실을 찾아가는 과정이다.

세월이 흘러도 변하지 않는 진실은 그리 멀리 있지 않다. 박수근이 그린 소재는 여인이나 여인 군상이 절반에 가깝고, 그다음은 나목(裸木)이다. 평범하고 소박한 소재는 평상시에는 그 가치가 드러나지 않는다. 하지만 혼란과 방황의 시기에는 자신과 가족을 지탱해 주는 버팀목이 되어 준다. 가난하지만 성실하게 자신의 자리를 지켰던 어머니와 아내, 그리고 딸들은 세대를 이어가며 인내한 세월 그 자체다. 남성 중심의 사회 속에서 그 어떤 여성도 부러움의 대상이 될 수 없었다. 상처와 고난에도 불구하고 버팀목 역할을 했던 여성에 대한 박수근의 따뜻한 시선을 엿볼 수 있는 대목이다.

박수근이 그린 나목은 잎은 떨어지고 가지는 잘려 생명을 잃은 나무처럼 보인다. 공간이 단순화되고 중심 소재만 남은 간결한 구도는 신기하게 나목에게 강한 생명력을 부여한다. 나목은 상징적이면서 인상적인 것을 추구하던 박수근의 언약과 닮았다. 언젠가는 잎을 피우는 봄이 온다는 약속말이다. 소설가 박완서는 나목이야말로 암담한 세월에 미치지 않고 환장하지 않고 견뎠던 박수근 자신을 향한 언약이었다고 회상했다. 박수근이 생계를 위해 미군 PX에서 초상화를 그릴 때, 박완서는 학교에서 배운 영어로 초상화를 그릴 미군 고객을 유치했다. 그렇게 가까이에서 박수근을 지켜보았다. 박수근은 우리나라를 방문한 외국인들에게서 먼저 인정받았다. 한발 물러서서 보았던 그들에게 박수근은 한국적인 정서를 가장 잘 표현한 화가였다.

사람들은 삶의 진실을 아주 높고 먼 곳에서 찾으려 한다. 그래서 끊임없이 하늘로 비상하는 꿈을 꾼다. 박수근도 하늘 높이 날아오르고 싶었다. 그때마다 하늘을 바라보던 시선을 거두어 아래로 내렸다. 자신이 추구하던 인간의 선함과 진실은 낮은 곳에, 그리고 가까운 곳에 있었다. 자신이 있어야 할 자리에서 자신의 역할을 다하는 사람들이었다.

묵묵히 자신의 자리를 지키는 것은 자신을 아는 것으로부터 시작한다. 나는 누구인가? 나는 어떤 관계망에서 살고 있는가? 하지만 땅에서 발을 떼고서라도 하늘 높이 날아오르고 싶은 것이 사람 마음이다. 모두 원하는 곳까지 날아가면 좋겠지만, 자신이 누구인지 자신이 무엇을 하고 싶은지를 잃어버렸을 때 사람은 추락한다. 그럴 때면 아카시아 잎을 떼어 가며 점을 치듯 '살자'와 '죽자' 사이에서 외줄을 탄다. 살자. 죽자. 살고 싶다. 죽고 싶다. 그 순간에 나목은 나지막이 말을 건넨다. 자신을 입증하려 하지 말고 생(生)을 살아가라고. 자기 앞의 생을 살아가라고.

열 번째 이야기

"그만 인정하자, 나는 이방인이다"

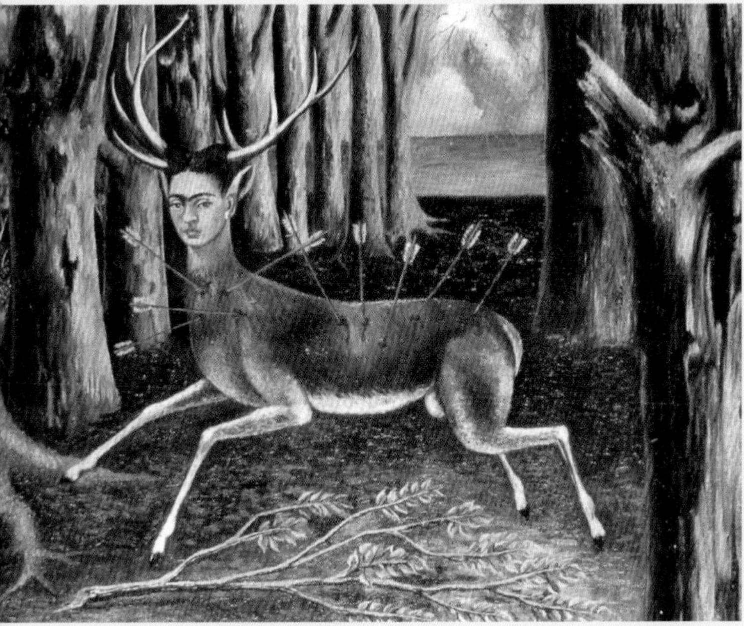

상처 입은 사슴(The Wounded Deer), 1946
프리다 칼로
패널에 유채, 22.4x30cm

두렵지 않다고 다짐할수록 두려움은 커진다. 아니라고 고개 저을수록 눈앞에 문제는 선명해진다. 풀리지 않는 문제 때문에 머리를 싸맨 지 며칠째다. 눈앞에 드러난 결과에 비해 원인은 규명하기 어렵다.

문제 상황을 만나면 그간 경험을 통해 터득한 방법으로 먼저 대처한다. 자기가 알던 방법으로 문제가 풀리지 않으면 당황스럽다. 그제야 어디서부터 일이 어그러졌는지 되짚어간다. 등에서는 식은땀이 흐른다. 다들 왜 이러지 싶었는데, 알고 보니 풀이 과정도 정답도 모두 바뀌었다.

솔직히 내 탓만은 아니다. 하지만 주위를 둘러봐도 탓할 곳은 보이지 않는다. 상황을 부정해 봐야 바뀐 걸 몰랐다는 아픈 자각만 커진다. 남는 건 소외감이다. 되돌아보면 그동안 너무 자신만만했다. 내가 아는 것이 전부라고 여기며 살았다. 시대가 바뀌면 문제도, 해법도 바뀌는 게 순리인데 말이다. 정신 줄을 붙잡으려 해도 점점 감당할 수 없는 상황에 몰린다. 마음은 더 심란해진다.

이건 분명히 눈부신 태양 때문이다. 막다른 골목에 몰려서 나는 애꿎은 곳을 지목하지만 그건 주위에서 듣고 싶은 말이 아니다. 그 순간 나는 인정할 수 없지만 있는 그대로 나인 이방인을 만난다. 나는 이방인이다. 이제 이방인이 날린 화살은 나를 향해 날아온다. 빛은 어둠을 통해 자기 존재를 증명한다고 했던가. 화살에 피를 흘릴 때면 어둠 속에서 나를 응시하는 이방인을 찾는다.

프리다 칼로(Frida Kahlo, 1907~1954)는 <상처 입은 사슴>처럼 자신의 실존적 고통을 회화로 구축한 멕시코의 대표적인 여성 화가다. 칼로는 어린 시절 겪은 소아마비로 다리를 절었다. 열여덟 살 꿈 많은 소녀의 몸은 버스와 기차가 충돌한 사고로 산산이 부서졌다. 침대에 누워 보내는 시간이 늘어나면서 칼로는 그림을 그리기 시작했다. 칼로가 자화상을 주로 그린 이유는 침대라는 제한된 환경에서 거울에 비친 자기 모습을 그리기가 그나마 수월했기 때문이다.

몸의 상처보다 더 결정적인 고통은 남편 디에고 리베라(Diego Rivera, 1886~1957)를 만나면서 시작된다. 리베라는 멕시코의 영웅으로 추앙받는 화가였고, 자본주의 심장부라고 불리는 뉴욕 록펠러 센터에 사회주의 혁명가인 레닌 초상을 그려 넣을 만큼 꿋꿋한 인물이었다. 리베라는 칼로의 재능을 높이 샀다. 리베라의 격려를 받으며 칼로는 화가의 길을 걸었다.

동료 예술가로 만남을 이어가던 두 사람 사이에는 어느새 사랑의 싹이 돋아나고 있었다. 22세의 칼로는 그녀보다 21살이나 많은 리베라와 결혼을 했다. 하지만 남편 리베라의 여성 편력과 이어진 칼로의 질투는 고통을 숙명으로 만들었다.

사람은 상대방의 고통을 보기만 해도 내가 직접 그 고통을 겪을 때 벌어지는 일련의 과정을 같이 경험한다. 사슴 몸에 선명한 핏자국은 보는 이로 하여금 화살이 자기 몸에 박힌 듯 움찔하게 한다. 도망갈 곳을 찾지 못한 네 발은 제자리에서 동동거릴 뿐이다. 양옆에 선 굵은 나무들은 사슴을 숨겨 주기보다 무심히 지켜보고 있다. 길이 끝나는 곳에 보이는 바다는 해방감을 주지만, 그곳에서 사슴을 기다리는 건 천둥과 번개다. 어느 한 곳 쉽지 않기에 상처 입은 사슴은 더욱 두드러진다. 그림 전체를 더듬던 시선은 마지막으로 칼로의 눈을 향한다.

이 그림에서 중요한 것은 시선이다. 관람객은 보통 그림을 바라본다. 시선은 그림을 향한다. 칼로는 사슴 머리에 자기 얼굴을 그려 넣었다. 몸에 박힌 화살이 없었다면 다들 평범한 자화상으로 여겼을 것이다. 시선이 바뀌면 관람객은 그림을 보는 주체가 아니라, 그림 속 칼로의 눈에 비치는 대상으로 전환된다. 그리는 위치에 있던 칼로 자신도 관람객의 처지와 다르지 않다. 그림 속 칼로는 자신을 향해 화살을 날린 이방인을 찾는 중이다. 그림을 그리는 일은 어둠 속에서 떨고 있는 이방인에게 곁을 내어 주는 연습이었다. 살이 에이는 고통에 매몰되지 않고 그림으로 표현했던 칼로는 몸과 마음은 부서져 고통스러웠지만 살아 있음에 행복하다고 말했다.

이러한 칼로의 자전적 경험은 조지아 오키프(Georgia O'Keeffe, 1887~1986)[15]와 함께 페미니즘 미술의 싹을 틔운 선구자 역할을 하게 했다. 조지아 오키프가 꽃을 주제로 여성적 이미지를 구축했다면, 칼로는 자신의 실존적 고통을 직설적으로 표현했다. 특히 자화상 50여 점에는 자기 내면을

15) 조지아 오키프는 20세기 미국을 대표하는 여류화가로 꽃과 사막을 추상적으로 표현하였다

드러내는 동시에 새로운 여성상을 회화적으로 구축하는 과정을 담았다.

칼로 그림에서 흥미로운 부분은 그림 크기다. <상처 입은 사슴>은 가로세로 30x22.4cm이다. 큰 캔버스만을 고집하던 다른 화가와 달리 칼로 그림은 대부분 공책 크기 정도다. 육체의 고통을 약으로 버텨야 했기에 칼로에게는 작은 그림만 허락되었다. 공책에 일기를 쓰듯 삶을 관통하는 행복과 불행, 그리고 생생한 고통을 '그리기'라는 행위로 기록했다.

칼로는 디에고와 영원히 함께하고 싶었고, 그림을 그리고 싶었고, 혁명가가 되고 싶었다. 하지만 부서진 척추는 칼로에게 고통 그 자체였다. 남편 리베라는 자신을 절망의 구렁텅이로 내몰았다. 질투로 날린 화살은 되돌아와 자신을 향했다. 자기 몸을 부쉈던 사고보다 더 고통스럽다. 칼로는 자신이 겪는 고통을 없애려고 하지 않았다. 말로 표현할 수 없는 고통을 그림에 담으면서 눈앞에 닥친 문제를 그런 방식으로 겪는 자신을 알아 갔다. '그림'이라는 기록은 질투와 고통의 늪에서 허우적대는 자기를 인식하고 싸우는 과정이었다.

누구에게나 그림자가 존재한다. 아니라고 고개 저을수록

그림자는 선명해진다. 그만 인정하자. 우리는 모두 이방인이다.

“ 씨름하자고 조르는 천사 ”

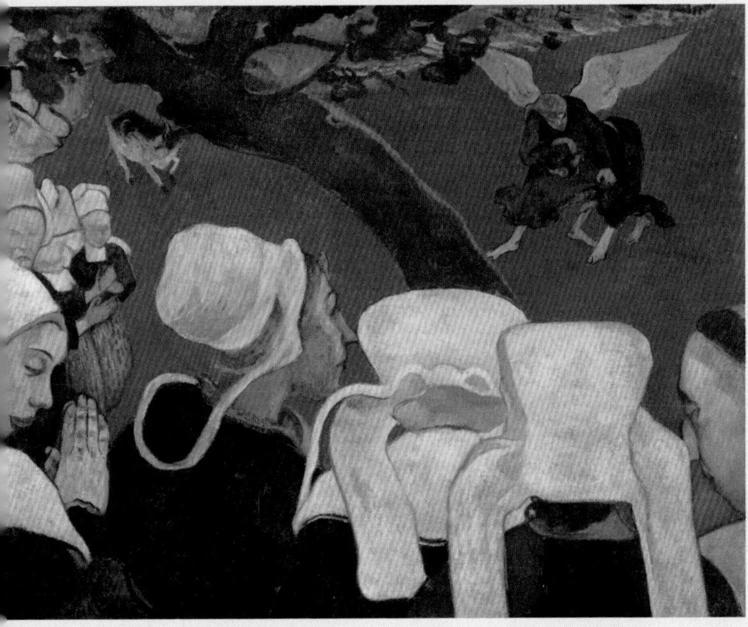

천사와 씨름하는 야곱(Jacob wrestling with the Angel), 1888
폴 고갱
캔버스에 유채, 72.2x91cm

<천사와 씨름하는 야곱>은 폴 고갱(Paul Gauguin, 1848~1903)에게 중요한 변곡점이 된 작품이다. 고갱은 인상파 화가들이 선풍적인 인기를 얻고 있을 무렵 그림을 시작했다. 동료 화가들의 조언에 따라 인상주의 기법을 시도했지만, 시선은 자꾸 다른 곳으로 향했다. 토속적인 토기류와 일본 판화처럼 원시적인 풍경에 관심을 보였다.

색다른 시선은 과거와 다른 시도를 끌어냈다. 인상파 풍의 빛과 색채 표현에서 벗어나 점차 고갱 특유의 독창적이고 장식적인 화풍을 정립해 갔다. 사실 인상파도 초기에는 인정받지 못했다. 변방에서 불어오는 바람이었다. 고갱은 자연을 미화하거나 재현하는 그림을 멀리했다. 강렬한 색채와 자유로운 형태는 자신만의 방식으로 대상을 단순화하고 재해석하는 데 중요한 열쇠 역할을 했다.

과정은 녹록하지 않았고, 고갱은 자주 넘어졌다. 머리에는 빨간불이 깜박였다. 35살 한창나이에 주식 중개인을 그만두고 화가로 전향하면서 궁핍한 생활을 피할 수 없었다. 고갱은 대중에게 좋은 평가를 받는 것보다 동료 화가들에게 인정받기를 원했다. 동료들은 고갱을 수집가 출신의 아마추어 화가로 치부하면서 전업 화가로의 변신을 반기지 않았다. 가족과 불화는 예정된 수순이었다. 생활은 나아지지 않았고 처가 신세를 지기도 했다. 결국 가족과 헤어져 한동안 만나지 못했다. 눈앞에 닥친 문제였지만 고갱은 돌부리에 걸려 넘어진 것뿐이라고 생각했다. 다시 일어나 그림에 전념했다.

사람은 넘어진 데서 또 넘어진다. 고갱은 특정 지점에서 반복적으로 넘어졌다. 돌부리였다면 죄다 치웠을 텐데, 그게 아니었다. 인생이 고갱에게 묻고 있었다. '넌 도대체 누구야?'**그림9**

고갱은 자신만의 색깔을 찾고 싶었다. 창조적 예술이란 자신을 혼란 속으로 밀어 넣는 일이다. 정답도 없고 끝도 알 수 없다. 오로지 존재의 내밀한 욕망을 동력 삼고, 통절한 자기 부정을 방향 삼아야 헤쳐갈 수 있을 터였다. 고갱은 주위를 둘러보았다. 자신처럼 실존적 고민을 밀고 나간 인물을 찾아 허리춤을 붙들고 매달리고 싶었다. 고갱의 선택은 야곱이었다.

천사와 씨름하는 야곱은 구약성서의 첫 권인 창세기에 나

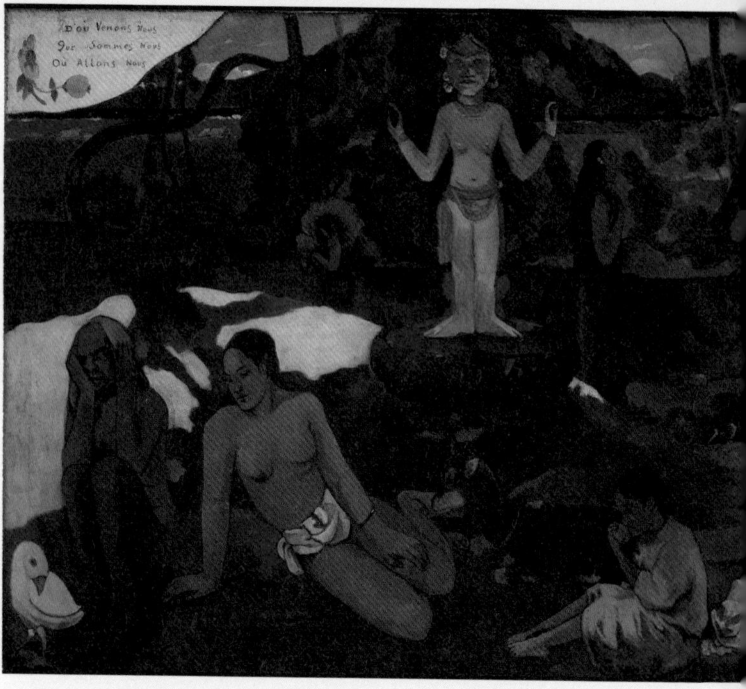
D'où Venons Nous
Que Sommes Nous
Où Allons Nous

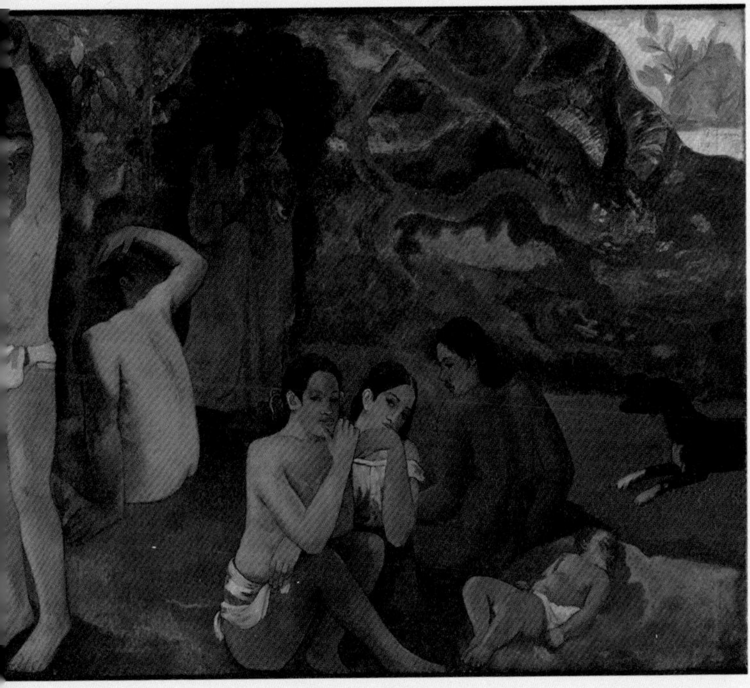

의 실존적 고민을 담은 고갱의 마지막 대작이다. 탄생을 의미하는 잠자는 아이, 과일을 따는 모습의 청
기를 거쳐 죽음이 가까운 늙은 여성이 오른쪽에서 왼쪽으로 이어지며 등장한다. 여성 관점에서 생의 순
을 표현했다.

9 우리는 어디서 왔는가, 우리는 누구인가, 우리는 어디로 가는가
(Where do we come from? Who are we? Where are we going?), 1897
캔버스에 유채, 139.1x374.6cm

오는 일화다. 야곱은 아버지 이삭의 사랑을 받고 있던 형 에서를 속여 팥죽 한 그릇으로 장자권[16]을 양수받고 아버지에게 축복까지 받아 낸다. 엄마 배에서 나올 때도 에서의 발목을 잡고 세상에 나온 야곱이었다. 에서에게 보복당할까 두려웠던 야곱은 20년 동안 외지를 떠도는 나그네 신세를 면하지 못했다. 외삼촌 라반 집에서는 둘째 딸 라헬을 얻기 위해 7년간 보수 없이 일을 했다. 그런데 막상 신부로 첫째 딸 레아를 맞게 되자 외삼촌에게 따져 물었다. 맏딸을 먼저 출가시키는 관례를 따랐다는 외삼촌의 꾀에 넘어갔던 것이다. 교활했던 야곱은 꾀부리지 않고 7년을 더 일해서 라헬과 결혼한다. 자신의 그릇된 행동에서 비롯되었을 대가를 묵묵히 받아들였던 야곱은 그동안 보지 못했던 자기 안의 진실을 발견한다.

이제 야곱은 고향으로 돌아가려고 한다. 야곱에게는 풀어야 할 숙제가 있다. 형 에서다. 야곱은 에서가 자기는 물론 자기 가족까지 해칠까 두려웠다. 무엇보다 두려운 것은 에

16) 가문의 장자에게 부여되는 권리와 책임

서를 통해 거짓을 일삼았던 자신의 그림자를 대면하는 일이었다. 내면의 거짓을 씻고서 다시 태어났다고 믿었는데, 자신의 그림자는 생각보다 두텁고 두려웠다. 야곱은 먼저 종들을 보내 에서에게 은혜를 구했다. 하지만 에서는 지난날의 치욕을 곱씹으며 군사를 몰아 야곱을 향해 달려왔다. 야곱은 에서의 마음을 돌리기 위해 예물과 가축들을 여러 갈래로 나누어 보냈다. 심지어 자녀들과 아내들까지 보냈다. 전부를 떠나보낸 뒤 야곱은 홀로 남았다.

야곱은 혼자가 되어 막다른 골목에 섰다. 그때 천사가 나타나 야곱에게 씨름을 제안했다. 야곱은 날이 새도록 천사를 붙들고 씨름했다. 지친 천사의 허리춤을 놓지 않고 끝까지 물고 늘어졌다. 천사는 자기가 야곱을 어떻게 할 수 없다는 것을 깨닫고 야곱의 허벅지 관절을 어긋나게 했다. 야곱은 아파서 숨을 쉬기도 힘들었지만, 포기하지 않았다. 간절했기 때문이었다. 사기꾼의 삶이 아닌 자신의 정체성을 찾아서 축복받는 삶을 살고 싶었다. <천사와 씨름하는 야곱>에는 야곱의 실존적 고민이 담겨 있다.

고갱은 변방에서 부는 바람이 되고자 했던 자기 다짐을

야곱이 되어 상상했다. 그 상징적 장면을 무채색의 현실과 대비되는 붉은색 초록색 주황색으로 표현했다. 투박해 보이는 색채지만 화가로서의 새 출발을 다짐하는 고갱의 진득함이 배어 오히려 강렬한 메시지를 준다. 아무리 상상의 세계라지만 그 넓은 들판을, 황량한 현실을 상징하듯 붉게 그릴 사람이 누가 있을까. 사실주의와 인상주의에서 벗어나 진정한 상징주의에 도달한 첫 작품이 탄생한 순간이다. 회화는 고갱을 만나서 자연을 재현하고 지식을 표현하는 도구라는 틀에서 벗어나, 자연에 대한 화가의 감정과 상상을 자유롭게 표현하는 방식으로 자리 잡았다.

나는 지금 누구의 허리춤을 붙잡고 씨름하는 것일까. '넌 도대체 누구야?'라는 물음을 외면하고, 발에 차이는 돌부리와 씨름했던 건 아니었을까. 야곱은 에서라는 관계망에 자신을 비추면서 일상에서 보지 못했던 내면의 그림자를 대면했다. 두려운 마음에 현실을 외면하고픈 마음이 다시 커졌지만, 야곱은 실존적 고민을 외면하지 않기 위해 천사의 허리춤을 놓지 않았다. <천사와 씨름하는 야곱>을 보면서 나는 거짓을 버리고 축복받는 삶을 위해 씨름하던 야곱을 생각한다. 자신이 원하는 작품 세계를 위해 순수의 땅, 남태평양의 작은 섬을 찾았던 고갱을 생각한다. 그들은 내게 씨름하자고 조르는 천사였다.

3부

공감,
네 곁에 나를 세우다

"

무거운
짐을 진
자들에게

"

검은 사각형(Black Square), 1915
카지미르 말레비치
캔버스에 유채, 79.5x79.5cm

눈앞에서 일어난 엄청난 변화가 자신에게 영향을 미치면 그건 사건이 된다. 사건은 예측하기 어렵고, 생존과 관련될수록 충격적이다. 사건 앞에서 우리는 자초지종을 밝히고, 어떤 인과 관계를 거쳐 이런 변화가 일어났는지 확인하려고 애를 쓴다. 학습된 무기력에 빠져 있지 않다면 우리는 놀란 상태에 머물러 있으려 하지 않는다. 충격은 타당한 설명을 통해 이해되는 일로 정리되어야 하기 때문이다. 하지만 세상일을 완벽하게 원인과 결과로 설명하기란 불가능하다. 밝힐 수 있는 원인은 장님 코끼리 다리 만지듯 부분적이다. 설명되지 않는 영역은 개연성이 높은 이야기로 채워진다.[17)]

원시 인류에게 자연의 변화는 커다란 사건이었다. 일식, 월식, 지진 등 이해할 수 없는 자연현상은 아무리 경험해도 경험으로 축적되지 않는 사건의 연속이었다. 자연스레 인간은 자연을 경외하고 숭배했다. 어두컴컴한 숲에서 마주친 맹수, 그리고 이어지는 피비린내와 죽음으로 인한 가까운 이의 부재는, '죽음'이라는 개념을 체득하기 전까지 의문으

17) 김태환, 『이야기란 무엇인가?』, 서울대 - 생각의 열쇠

로 남았다. 죽음처럼 물리적 공간 너머에 존재하는 것을 현실에서 이해하기 위해서 인간은 초월적인 존재를 떠올렸고, 그 일은 인류의 진화 과정에서 필연적이었다.

그렇게 인간은 해, 달, 나무, 돌 같은 자연의 피조물에 초월적인 힘과 의미를 부여했고, 상상 속에서나 있을 법한 형상을 동굴에 새겨서 숭배했다. 어느 순간부터 인간이 피조물에 부여한 힘과 의미는 세상을 이해하는 시작점이 되었고, 논리적 타당성 여부와 관계없이 다양한 서사를 끌어내며 진화했다. 특히 그림은 눈에 보이는 대상을 표현하여, 보이지 않는 세계를 추구하던 일상적 수단이었다. 사람들은 그림 속 풍경, 인물, 대상이 들려주는 서사를 통해 희로애락(喜怒哀樂)을 느꼈다.

인간은 그동안 그림에게 짐을 짊어지게 했다. 선이나 색으로 대상과 풍경을 담게 했고, 수없이 대상을 부여하여 인간이 바라는 의도를 추구하게 했다. 그림은 화내지 않았고, 불평하지 않았다. 그런 그림과 달리, 사람들은 자신들이 만든 서사에 자주 휘둘렸다. 크게는 종교, 제국, 자본, 이데올로기가 대표적이다. 작게는 학벌, 직업, 지위, 명예가 그렇다.

세상은 사람들에게 자신을 지우고 끊임없이 대상을 소비하게 했다. 어느 순간 삶이라는 그림 위에 나는 없고 대상만 존재했다. 자기 의지로 대상을 선택했다고 믿었는데, 알고 보니 사회와 미디어 그리고 주위에서 부추겼을 뿐, 내 욕구에서 비롯된 것이 아니었다.

그렇게 대상에 기대어 산 세월은 길었다. 대상이 보장하는 따뜻한 조명 아래 풍성하게 차려진 밥상을 거부하기 어려웠다. 그림도 다르지 않았다. 대상이 없는 그림이나 서사를 읽을 수 없는 그림은 관람객에게 쉽게 받아들여지지 않았다. 마음속 환각을 그린 듯하고, 악보가 공간을 유영하는 듯한 그림이 그랬다. 인간의 감정을 배제하고 사물의 본질을 단순하게 표현한 미니멀리즘은 이해하기 힘들었다. 내가 왜 이 자리에 서 있는지 회의를 느낄 때면 밖으로 나가서 신선한 공기를 마시고 싶었다. 작가의 내면을 일방적으로 강압하는 작품 앞에서 매번 소리 없이 스러졌다.

그동안 나는 카지미르 말레비치(Kazimir Severinovich Malevich, 1879~1935)의 그림을 수없이 지나쳤을 것이다. 그림은 나를 강경하게 붙잡지 않았다. 대상이 있고 이야기가 있는 쉬운 그림에서 눈을 떼지 못하는 나를 탓하지 않았다. 그랬던 내가 어느 날, 말레비치의 <검은 사각형> 앞에 서 있었다. 분명 예전과 같은 그림이었다. 일상에 허덕이던 나에게 그림은 말을 건넸다. '당신이 지고 있는 대상이라는 짐을 내려놓아라.'

말레비치는 하얀 배경 위에 검은 사각형으로 단순화한 그림을 통해, 그동안 예술이 지고 있던 '대상'이라는 짐을 내려놓게 했다. 대상에 기댄 기존 그림과 단절했다. 당혹스럽다. 그런데 당혹감에 충실하다 보면 단절은 과거의 답습을 끊어 내는 지점이자, 새로운 세계를 향한 출발점임을 깨닫게 된다. 극도로 단순화된 정적인 그림에서 왠지 모를 긴장감이 엿보인다. 대상에서 벗어난 나는 이제 그 어떤 상상도 가능해졌다. 그림 앞에서 나는 온전히 나만 바라보았다. 나를 얽매는 '대상'이라는 멍에를 벗고서, 나의 바탕을 찾는 여행을 떠났다.

검은 사각형은 원래 별도의 작품이 아니라 오페라 무대 디자인의 일부였다. 말레비치는 흰색 천에 검은 사각형 하나를 덜렁 그려 넣었다. 오페라가 초연될 때는 알지 못했지만, 두 번째 무대에 올렸을 때 자기 행위가 예술사에서 중요한 사건이 되리라는 걸 깨달았다. <검은 사각형>은 구체적인 형상이 없는 완전한 추상이다. 말레비치는 여기에 '절대주의'라는 이름을 붙였다.**그림10**

짐을 내려놓으라고 말하는 말레비치의 그림은 더 이상 나를 곤혹스럽게 하지 않는다. 살면서 한 번쯤 만나고 싶었다.

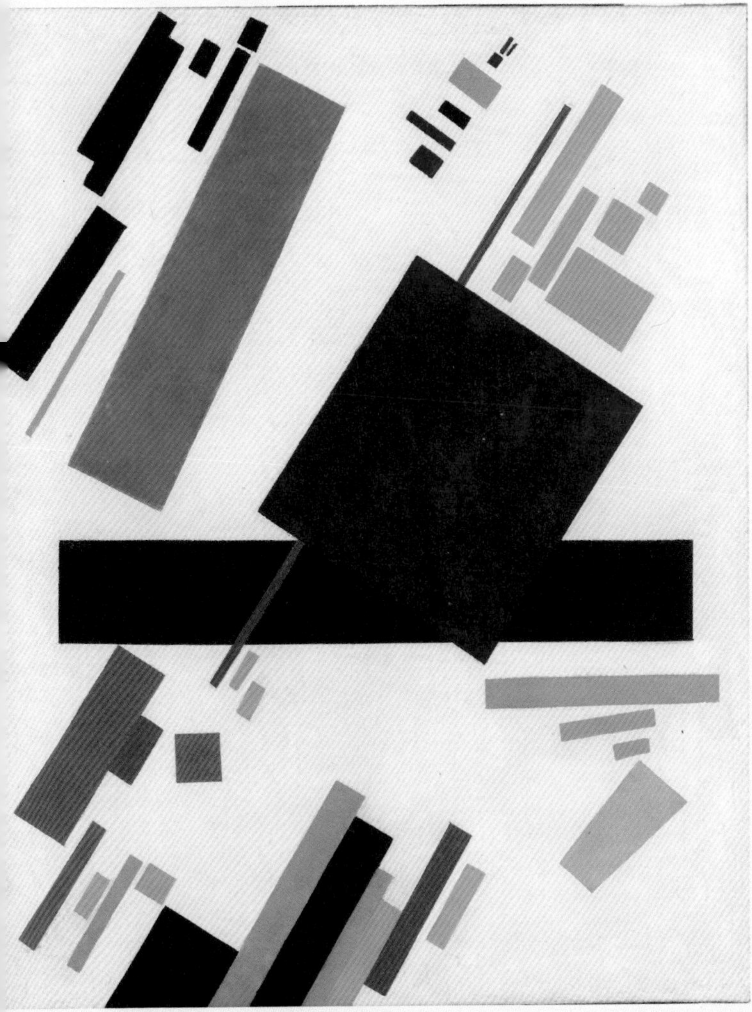

ㅏ레비치는 흰색 바탕에 사각형을 기본으로 한 구성을 즐겨 그렸다. 바탕은 순수 그 자체를 의미하는 흰
ㅐ을 고집했고, 사각형의 색깔도 삼원색과 흑백 등으로 한정했다. 무엇보다도 인간에게 의미가 되는 구
ㅔ적인 형상을 거부했다. 이렇게 러시아에서 새롭게 시도된 미술을 '절대주의'라고 불렀다. 절대주의는
ㅏ전 추상이 탄생하는 산파 역할을 했다.

10 Suprematist Composition, 1916
캔버스에 유채, 88.5x71cm

“

사람의 진실은
깨진 거울 사이로
보인다

”

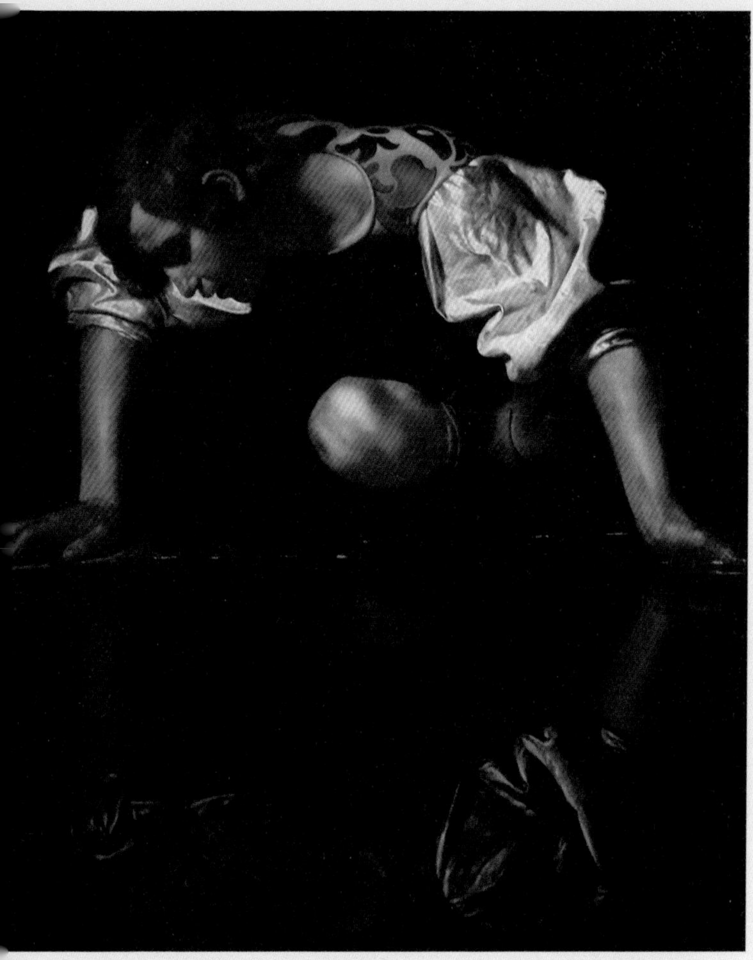

나르키소스(Narcissus), 1599
카라바조
캔버스에 유채, 110x92cm

'인간아!' 부끄러운 마음을 주체할 수 없을 때, 거울 속에 비친 자신에게 무의식적으로 던지는 한마디다. 자기가 한 짓이라 차마 어쩌지 못하고 속으로만 삭였던 그을음 같은 말이다. 그러고는 한동안 거울을 뚫어지게 쳐다본다. 거울은 뚫리지 않는다. 마른세수에도 부끄러운 마음은 가시지 않는다. 물로 얼굴을 식히고 머리와 매무새를 다듬은 후에 밖으로 나온다. 사람이 바뀔까.

무경어수 경어인(無鏡於水 鏡於人)[18]. 물에 얼굴을 비추지 말고 사람에게 비추라는 뜻이다. 물이나 거울이나 매한가지이다. 사람의 마음은 내가 옳고 남이 틀렸다는 방식으로 진화했다. 아무 관계가 없는 사람들을 왼편과 오른편으로 나누면, 처음 만났는데도 자기 편 사람들이 상대 편보다 똑똑하고 믿을만해 보인다. 도덕적으로 옳아 보인다. 그게 사람 마음이다. 하물며 자기 자신은 말할 것도 없다. 거울에 비친 자기 얼굴을 보면서 반성의 끈을 놓지 않기란 쉽지 않다.

거울은 부단히 자기 내부를 강화하는 역할을 한다. 아침

18) 묵자는 "無鑑於水 鑑於人"이라 했고, 사마천은 사기에서 '비칠 감(鑑)' 대신 '거울 경(鏡)'자를 썼다.

에 화장실에 다녀오면 사람이 바뀌어 나온다. 화장하고 머리와 옷을 손보면 멋진 사람으로 새롭게 태어난다. 그러니 자신의 일그러진 모습은 사람에게 비추어야 알 수 있다. 아버지, 어머니에게 비추어야 자신이 얼마나 불효자인지 알 수 있다. 사이가 틀어진 친구에게 비추어야 자신이 얼마나 모진 사람인지 보인다.

우리는 주위 사람에게 자기를 비추어 볼 용기가 거의 없다. 사실 비추는 사람도, 비춰지는 사람도 생경한 일이다. 옆에 있는 사람을 몇 초만 쳐다보면 '내 얼굴에 뭐가 묻었냐?' 내지 '뭐 잘못 먹었냐?'는 핀잔을 듣는다. 얘기만 잘 들어 주면 되는데 그게 쉽지 않다. 얘기 중에 드러날 감당하기 버거운 현실과 대면하기 두려워서다.

삭인 그을음을 토해 내고도 부끄러운 짓을 멈추지 못하면, 다음은 '인간아!'라는 한탄에서 멈추지 않는다. 거울에 보이는 얼굴이 꼴도 보기 싫어서 짱돌을 던져 거울을 깨뜨린다. 거울에 보이는 사람이, 결코 자신이 아니라는 외침이다. 그렇다면 그 사람의 진실은 어디서 찾을 수 있을까. 사람의 진실은 깨진 거울 사이로 보인다.

그리스 신화에도 물에 얼굴을 비추는 장면이 나온다. 미소년 나르키소스 이야기다. 아름다운 모습에 많은 사람이 나르키소스를 흠모한다. 청년들은 그와 가까이 지내고 싶어 하고, 소녀들은 그에게 사랑을 갈구한다. 하지만 나르키소스는 그 누구의 마음도 받아 주지 않는다. 우리말로 메아리에 해당하는 숲의 요정 에코도 나르키소스에게 상처를 입었다. 나르키소스가 사냥하는 모습에 반한 에코는 몰래 나르키소스를 따라다녔지만, 나르키소스에게 눈길 한번 받지 못했다. 에코는 식음을 전폐하고 슬퍼하다, 몸은 사라지고 목소리만 남았다. 나르키소스를 향한 수많은 원망이 하늘을 찔렀다.

"그도 사랑하는 것을 영원히 얻지 못하게 하소서!"

나르키소스는 결국 복수의 여신 네메시스로부터 기이한 형벌을 받게 된다. 바로 단 한 사람, 자기 자신을 알게 되는 형벌이다. 사냥 중에 목이 마른 나르키소스는 샘을 찾았다. 수정처럼 맑은 샘이었다. 나르키소스가 목을 축이려고 하자, 세상에 존재하지 않을 것 같은 아름다운 형상이 나타났다. 신이 빚어 놓은 듯한 모습에 나르키소스는 넋을 잃었다.

바로 샘에 비친 자기 자신을 알게 된 것이다. 잡으려고 손을 뻗으면 형상은 흩어졌다. 아무리 불러도 자기 목소리만 메아리쳤다. 애가 타서 울부짖어도 자신의 사랑은 받아들여지지 않았다. 나르키소스는 결국 샘을 바라보는 자세로 숨을 거뒀다. 나르키소스는 숨을 거둔 곳에서 한 송이 수선화로 피어나 물을 바라보는 꽃이 되었다.

화가들에게 나르키소스는 자기애를 표현할 수 있는 좋은 소재다. 대부분 화가는 물에 비친 나르키소스를 아름답게 그렸다. 카라바조(Michelangelo Merisi da Caravaggio, 1571~1610)는 달랐다. 카라바조 그림에서 물에 비친 나르키소스 모습은 어둡고 추하다. 카라바조 그림은 평소에 접했던 다른 화가와는 확연히 다른 느낌을 준다. 강한 빛과 어둠을 대조적으로 표현해서 장면에 극적 긴장감을 불어넣는 방식도 그렇고, 신화에 등장하는 영웅을 평범한 인간의 모습으로 표현한 것도 신선했다.**그림11** 심지어 성모 마리아의 얼굴에 사귀던 창녀 얼굴을 그려 넣기도 했다.**그림12** 과한 면도 있지만 정형화된 그림에서 느껴지던 거리감이 사라져서 오히려 공감 가는 부분이 많았다.

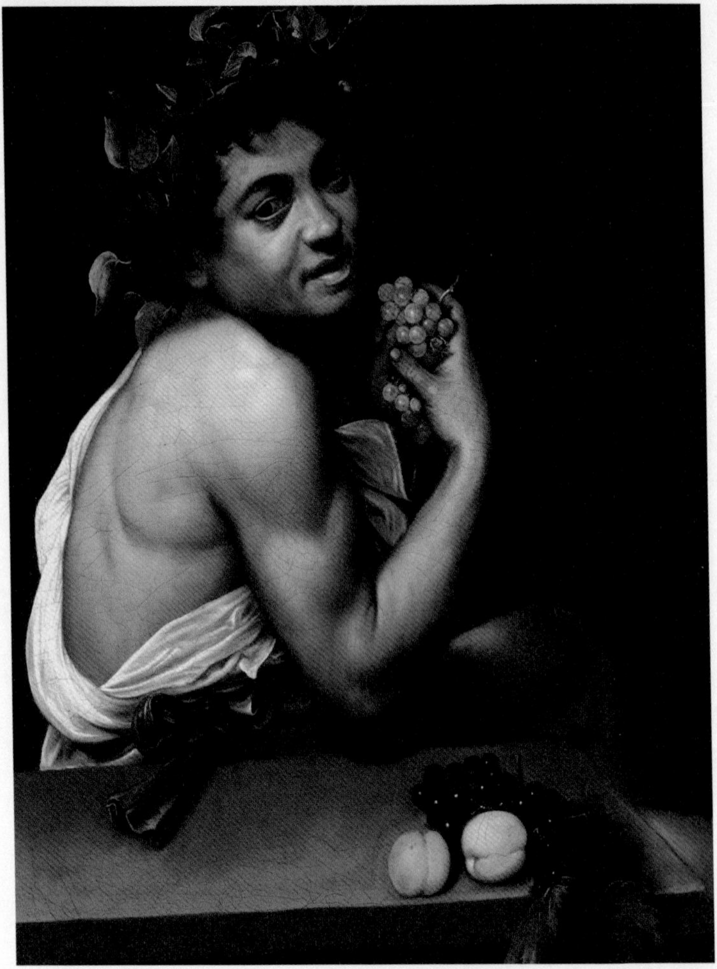

* 로마 신화에서 바쿠스는 포도주의 신을 의미한다. 포도 덩굴과 포도송이가 상징이다. 포도주는 고통을 덜어 주고, 기쁨을 주며, 광기를 불러일으킨다. 일반적으로 신은 이상적인 모습으로 표현되지만, 카라바조는 자기 얼굴을 그려 넣었다.

11 병든 바쿠스(Self-Portrait as Bacchus), 1593

캔버스에 유채, 67x53cm

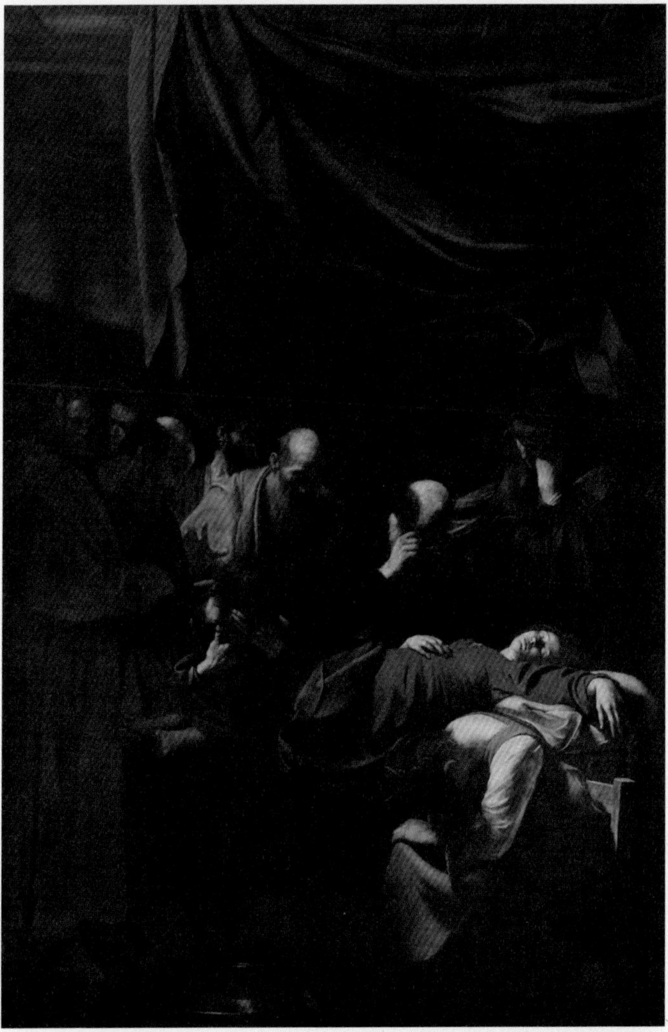

* 성모 마리아의 모습을 지나치게 세속적으로 그렸다는 이유로 카라바조는 강한 비판에 직면했다. 성모를 그리기 위해 창녀를 모델로 썼다. 당시 사람들은 당혹감을 감추지 못했다.

12 성모 마리아의 죽음(The Death of Virgin), 1601~1606

캔버스에 유채, 369x245cm

특히 카라바조 자신의 얼굴을 그려 넣은 신화 속 신의 모습은 자화상에 가깝다. 그리는 사람에 따라 자화상에 드러나는 자의식은 그 의미를 달리한다. 알브레히트 뒤러의 자화상에는 주체할 수 없는 삶의 자신감이 풍긴다. 마르크 샤갈은 줄무늬 재킷 차림의 고상하고 확신에 찬 지성인으로 자신을 표현했다. 렘브란트의 자화상에는 여유로움과 권위가 담겨 있다. 카라바조의 자화상은 그 자체로 타협 없는 묘사의 정수다. 자기 내면에 부유하는 추악함을 실오라기 하나 가리지 않고 드러내는 일은 보는 이에게 잔혹하다는 생각마저 들게 한다.

카라바조의 <나르키소스> 그림은 신화를 그린 그림이면서 동시에 자기 자신을 그린 자화상이다. 사람은 누구나 양날의 모습을 지닌다. 아름다운 모습도, 물에 비친 추악한 모습도 모두 자기 모습이다. 카라바조는 극단적 자기애의 표본인 나르키소스를 자신과 동일시했다. 기독교적 질서가 지배하는 광기의 시대에 정해진 틀에서 벗어나 다르게 표현한다는 것은 그 자체로 틀린 것이었다. 카라바조는 살아남기 위해 악동처럼 굴었고, 자신을 몰아세우는 세상이 미워서 더 악동처럼 행동했다. 세상 사람들이 자신을 향해 손가락질하는 동안, 자신을 지지하고 인정해 줄 사람은 자신뿐이었다. 자신의 추악한 모습을 감추지 않고 그림에 담아 자기에게 짱돌을 던지면서도, 그 너머에 있을 자신의 진실에 공감했던 거다. 카라바조가 바라본 물은 결코 거울이 될 수 없다. 자신을 하얀 캔버스, 바로 그림에 비춘 것이다. 그림은 깨진 거울이다. 사람의 진실은 깨진 거울 사이로 보인다.

“

일상 속
탕자는
바로 나

”

열네 번째 이야기

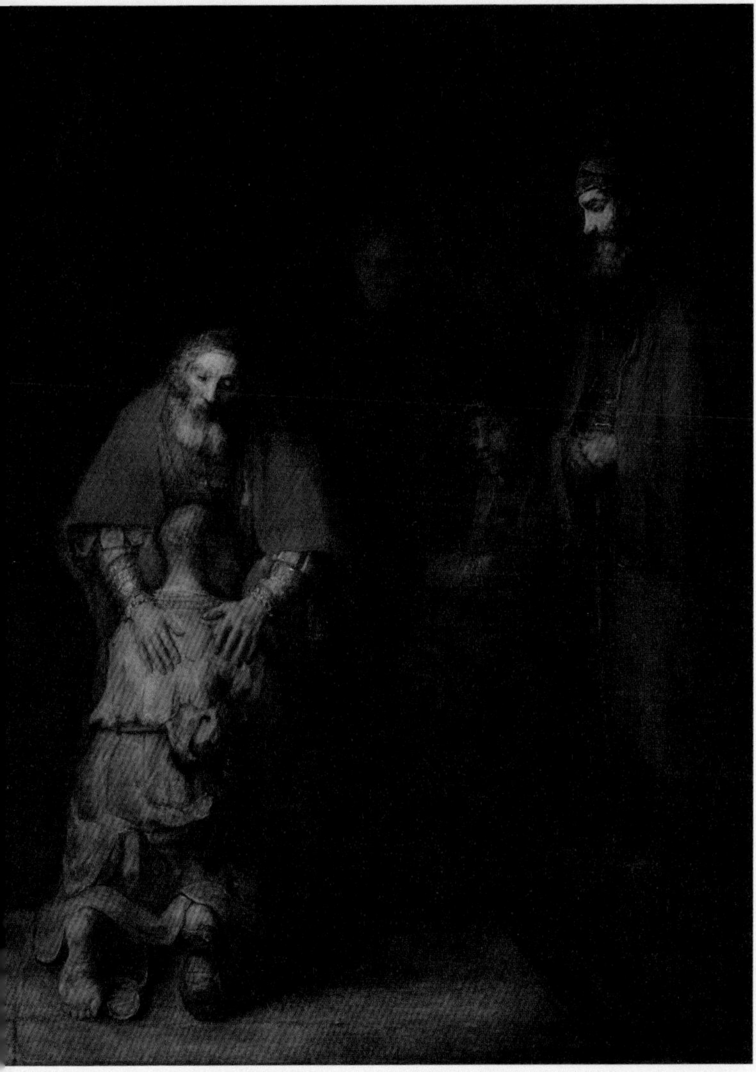

돌아온 탕자(The Return of the Prodigal Son), 1661~1669
렘브란트 반 레인
캔버스에 유채, 262x205cm

흔한 물건을 탐하면 비루해진다. 생각지도 못한 무엇을 탐해야 유명해진다. '빛을 훔친 화가'로 불리는 렘브란트 반 레인(Rembrandt van Rijn, 1606~1669) 이야기다. 렘브란트는 빛과 어둠을 대비시키는 기법으로 그림에 극적인 효과를 끌어 냈다. 어둠 속에 묻혀 사라질 것 같은 순간이 밝은 공간을 부각해 도리어 시선을 집중시킨다. 그런데 <돌아온 탕자>에서 훔친 빛은 극적이면서 한없이 따뜻하다. 빛 알갱이들이 자기 체온으로 얼어붙은 공간을 녹이는 것 같다.

여기 아버지 앞에 무릎을 꿇고 참회하는 탕자가 있다. 그림에 담긴 서사는 빛이 비치는 방향처럼 왼쪽 아래에서 오른쪽 위로 흐른다. 시작은 탕자의 발이다. 밑창이 다 해진 신발과 굳은살 박인 발바닥, 다음으로 남루하기 짝이 없는 옷차림은 돌아온 탕자가 그간 겪은 시련을 말해 준다. 작은 아들은 미리 상속받은 재산을 나귀에 나눠 싣고 하인을 앞세워 기세등등하게 집을 나섰다. 방탕한 생활과 도박으로 얼마 가지 않아 재산을 탕진했다. 끝내는 돼지 먹이를 탐하고, 돼지우리에서 잠을 청하는 신세로 전락한다. 아버지는 참회하는 아들을 두 손으로 꼭 안아 주었다. 두 손의 생김새가 다른 이유는 너그러운 아버지 손과 온화한 어머니 손을 함께 그렸기 때문이다. 두 손이 내려앉은 아들의 등은 온갖 세파를 겪은 탕자의 등이면서 상처를 간직한 우리 모두의 등이다. 그림에서 가장 따뜻하고 밝은 곳이다.

적을 물리친 전승을 기념하는 방식은 전쟁을 어떻게 인식하느냐에 따라 그 내용이 달라진다. 권력층 시선에서의 '전승'이란 적의 고지에 승리의 깃발을 세우는 형상이겠지만, 민중의 마음으로 보면 무사히 집에 돌아와 어머니 품에 안기는 장면일 것이다.

16세기 종교개혁 이전에는 탕자의 방탕한 모습에 무게를 둔 그림이 많았다. 쾌락을 추구하면서 무절제와 낭비에 빠진 모습과 돼지우리에서 비루한 처지를 비관한 채 무릎을 꿇고 참회하는 모습으로 그려졌다.**그림13** 잘못을 뉘우치고 새로운 사람으로 거듭나라는 경고이면서, 다른 한편으로는 죄 많은 민중의 모습을 강조해서 권력층의 지배 구도를 공고히 하려는 의도가 숨어 있었다. 민중이 눈을 뜨기 시작한 이후 방탕한 아들을 묘사하는 관점에도 변화가 생겼다. 방탕한 아들을 강조하는 내용에서 참회하면서 용서를 비는 탕

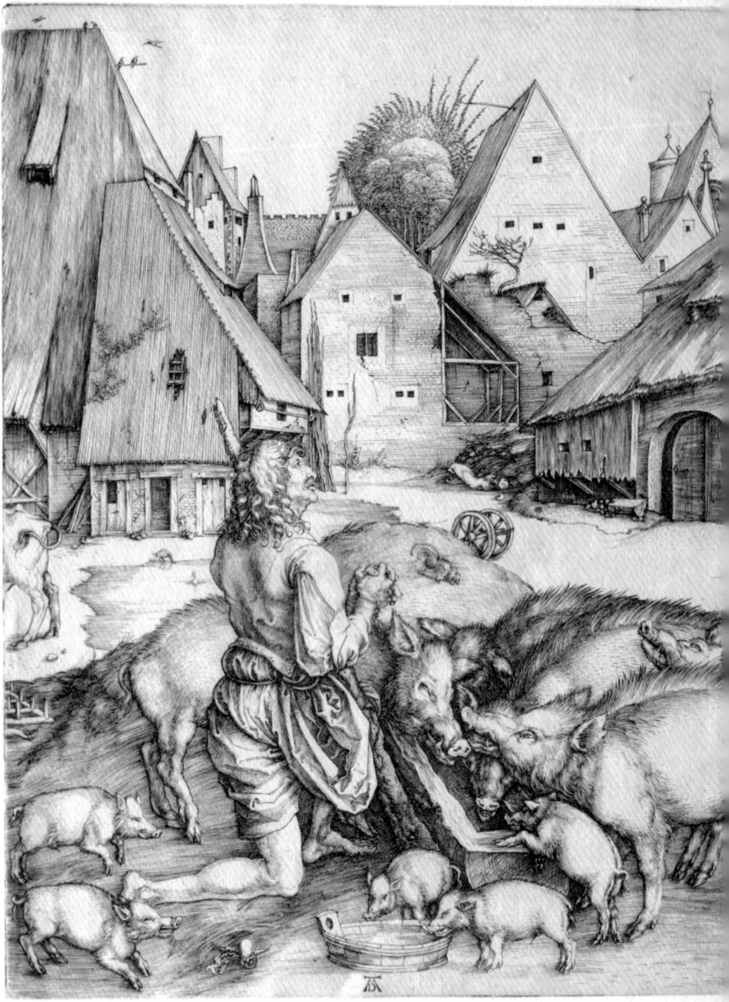

13 방탕한 아들(The Prodigal Son), 1496
알브레히트 뒤러
동판화, 24.7x19.1cm

자와 아버지의 사랑에 초점을 맞춘 그림으로 바뀐 것이다. 민중은 사랑을 말하고 싶었고, 안아 주면서 또한 안기고 싶었다.

사랑과 참회의 절정을 보여 주는 장면 앞에서 흐뭇한 미소를 지으며 돌아서려는 우리를 불편하게 만드는 것은, 아버지와 동생을 굳은 표정으로 바라보는 형의 존재다. 방탕한 생활로 탕자가 되어 돌아온 동생을 따뜻하게 맞이하는 아버지를 형은 이해할 수 없다. 아버지의 곁을 묵묵히 지켰던 자신은 이런 환대를 받아본 적이 없었다. 동생은 또 집을 떠나 방탕한 생활에 빠질 것이기에 저 참회를 믿어서는 안 된다고 아버지에게 항의한다. 아버지는 몇 해 만에 거지꼴로 돌아온 동생이 안쓰러운 나머지 형의 불만에 귀를 기울이지 않는다. 오히려 동생을 그만 용서하라고 형을 채근한다. 꽉 잡은 형의 양손에서, 질투와 용서 사이에서 갈등하는 인간 내면의 복잡한 심경이 느껴진다.

참회보다 어려운 것이 용서다. 용서는 어린아이처럼 천진하고 겁 없이 도전한다고, 무디어지기를 기다린다고 되는 일이 아니다. 이제 그만 용서하라는 주위의 종용에 못 이겨서 '그래 용서할게' 이 한마디로 끝낼 수 없는 일이다. 그 결과는 불 보듯 뻔한 패배다. 자신이 패배한 이유가 오만에서 비롯되었다는 것을 깨달을 때까지 자기 자신을 모질게 몰아붙이는 일이다.[19] 형의 모습은 질투와 용서 사이에서 갈등하는 일상 속의 탕자, 바로 우리의 모습과 다르지 않다. 어떻게 탓할 수 없는 지극히 인간적인 면모를 보여 주는 장면이다.

우리는 주변에 울타리를 치고 내 편이라고 생각하는 사람은 편애하고 울타리 밖은 배제한다. 심지어 증오한다. 탕자처럼 가족이어도 마찬가지다. 코로나19 시대에 우리는 누구하나 예외 없이 일상을 잃었다. 이 비극은 역설적으로 우리 모두를 상실감이라는 하나의 울타리로 묶어 주었다. 우리는 모든 갈등을 뛰어넘어 서로를 위로했다. 『페스트』의 저자 알베르 카뮈는 '우리가 모두 페스트라는 추상 속에 살고 있다는 것을 깨닫는 순간, 적으로 삼았던 사람들까지 이해의 대상이었고 누구 한 명 죽게 둘 수 없었다.'라고 회고했다.[20]

---

19) 공지영, 『우리들의 행복한 시간』, 해냄출판사, 2016, p138
20) 알베르 카뮈, 『페스트』, 민음사, 2011, p328~329

인류 역사 전체를 살펴보면 '사랑'이라는 울타리 안에서 우리는 하나였다. 그래서 전부를 잃고 실의에 빠진 이들을 사랑으로 안아 주는 것은 묵묵히 자리를 지킨 자의 책무다.

렘브란트 역시 빛과 어둠이 대비되는 삶을 살았다. 반 고흐는 세상에서 두 명의 화가만이 예수의 얼굴을 그릴 수 있다고 했는데, 그 한 명이 바로 렘브란트다. 네덜란드 황금시대의 대표 화가였기에 부유한 귀족들의 초상화는 죄다 렘브란트의 손을 거쳤을 만큼 명성을 얻었다. 명성만큼 화려한 생활로 말년에 파산선고를 해야 했고, 아내와 아들을 먼저 저세상으로 보냈다. 렘브란트는 참회하는 자신은 물론, 불완전한 인간이기에 겪을 수밖에 없는 갈등의 순간을 빛과 어둠으로 표현했다.

우리 삶은 무엇으로 완성될까. 정답이 없는 화두다. 다만 참회와 용서, 그리고 사랑이 렘브란트가 전하고자 했던 회심이었다. 렘브란트가 훔친 빛이 종소리처럼 울려 퍼진다. 따뜻한 빛은 누구를 위하여 울리는 걸까. 멀리서 찾을 필요가 없다. 일상 속의 탕자, 바로 우리 자신이다.

“

결의 자리

”

열다섯 번째 이야기

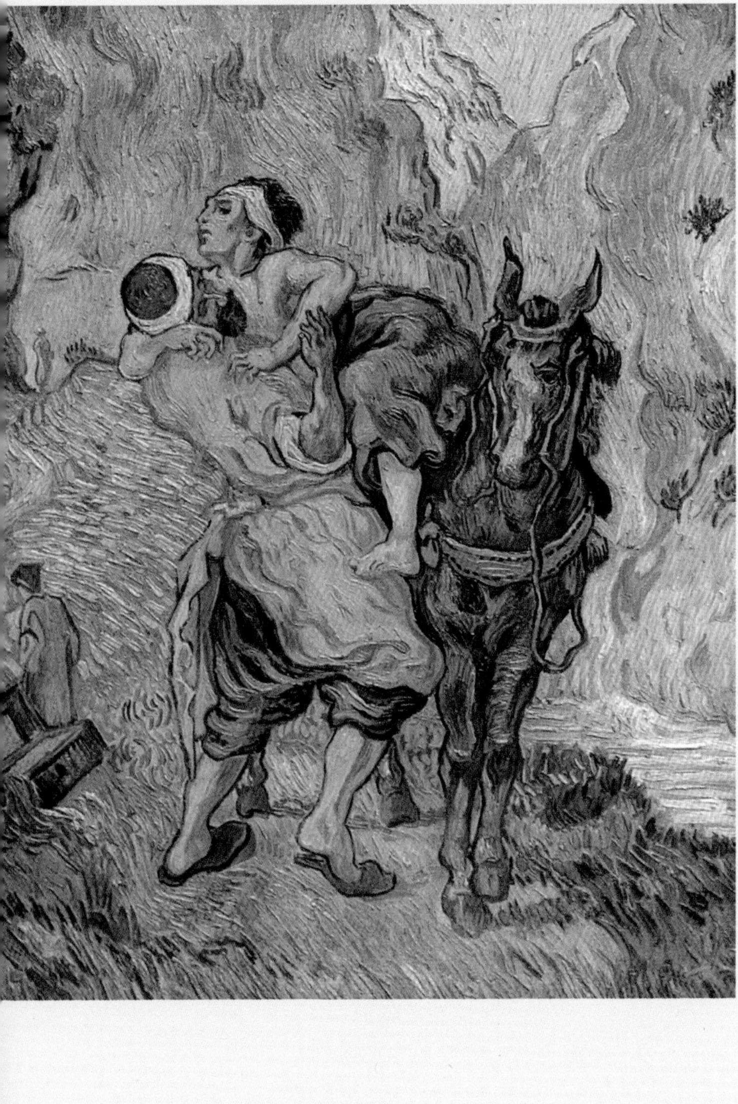

선한 사마리아인(The Good Samaritan), 1890
빈센트 반 고흐
캔버스에 유채, 73x60cm

빈센트 반 고흐(Vincent van Gogh, 1853~1890)는 생레미 정신병원에서 지낼 때, 손에서 붓을 놓지 않았다. 갇힌 공간이라 모델을 구하기 어려워서 벽에 걸린 선배 화가의 그림을 모사했다.**그림14~16** 반 고흐는 예수의 얼굴을 그릴 수 있는 선배 화가로 렘브란트와 들라크루아를 꼽았다. 신앙과 그림에서 들라크루아(Eugène Delacroix, 1798~1863)는 반 고흐가 닮고 싶은 선배였다. 반 고흐가 그린 <선한 사마리아인>은 들라크루아의 작품을 따라 그린 것이다.

여기 강도를 만나 심하게 다쳐 고통받는 사람이 있다. 그림 왼쪽에 희미하게 멀어지는 두 사람이 보인다. 사회적 지위가 높았던 제사장과 레위 사람은 다친 사람을 외면하고 지나쳤다. 평소 사람들에게 천대를 받던 사마리아인은 다친 사람을 외면하지 않았다. 말에 태워 의사에게 데려갔다.

그림에 담긴 메시지는 단순하다. 이웃을 사랑하라. 해 보면 알겠지만 단순한 일일수록 머리가 아닌 몸이 먼저 움직여야 한다. 실천이 담보되어야 한다는 뜻인데 그만큼 어렵다는 방증이다. 진정한 이웃의 의미를 생각하게 하는 선배의 그림을 모사하면서 반 고흐는 무슨 생각을 했을까.

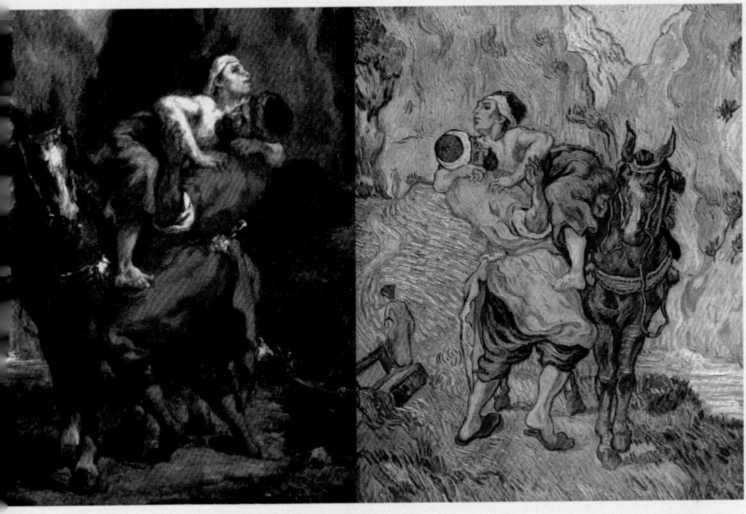

고흐는 들라크루아 그림(왼쪽)을 모사했다. 반 고흐가 모사한 다른 그림으로 장 프랑수아 밀레의 <낮>이 있다.

14 사마리아인(The Good Samaritan), 1849
외젠 들라크루아
캔버스에 유채, 36.8x29.8cm

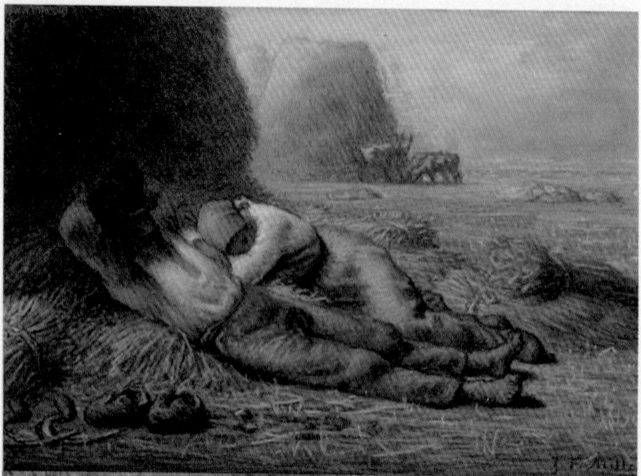

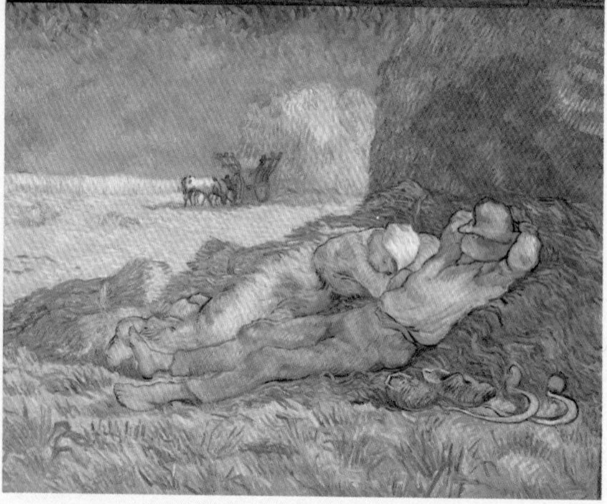

* 빈센트 반 고흐가 화가가 되기로 결심했을 때, 반 고흐는 그림부터 삶을 대하는 태도까지 닮고 싶은 사람으로 장 프랑수아 밀레를 꼽았다. 밀레는 가난하지만 자기 자리에서 묵묵히 인내하던 농민과 노동자의 삶을 주로 그림에 담았다. 반 고흐는 밀레가 남긴 흑백 목판화를 보고 자신만의 스타일로 바꿔 그렸다.

15 정오의 휴식(Noonday Rest), 186
장 프랑수아 밀레
종이에 파스텔, 29.2x41.9cm
16 낮잠(Siesta), 186
빈센트 반 고
캔버스에 유채, 73x91cm

정신병원에 갇힌 채 온전하지 못한 사람들 옆에서 반 고흐는 지루함과 슬픔에 숨이 멎을 것 같았다. 재발한 발작으로 더 이상 그림을 그릴 수 없을지도 모른다는 두려움에 잠 못 이루는 날이 많았다. 동생 테오의 노력에도 불구하고 세상은 자기 그림을 외면했다.

그림을 그릴 용기를 잃어 도움이 필요할 때, 들라크루아는 시대를 뛰어넘어 자신을 지지하고 위로를 건넸다. 들라크루아가 창조한 강렬한 색채에는 낭만적 아름다움이라는 보편적 매력을 넘어 사람의 열정을 밖으로 끌어내는 마력이 숨어 있다. 반 고흐는 선배의 그림 앞에 설 때마다 사라져 가는 열정의 불꽃을 되살리곤 했을 것이다.

반 고흐는 죽기 전까지 서로 곁이 되어 주는 화가공동체를 꿈꿨다. 인정받는 화가 몇 명을 제외한 상당수의 화가는 당장 내일 먹을 식량과 그림 재료를 구하지 못하는 처지였다. 반 고흐는 프랑스 아를에 공간을 만든 후 동료 화가에게 공동생활을 제안했다. 젊었을 때 목자가 되어 고통받는 이들을 돕고자 했듯이 그림을 통해서만 말해야 하는 화가들의 어려움을 함께 나누고 싶었다. 그것은 스스로 자신을 돕는 일이었다. 반 고흐 사전에 고통을 외면하는 일이란 안팎으로 존재하지 않았다. 하지만 세상은 그리 호락호락하지 않았다. 그림에서 사마리아인의 허리가 곧 휠 듯 위태로워 보이는 것처럼.

반 고흐가 그림에 담아낸 사랑의 크기만큼 세상은 고통받는 사람들로 가득했다. 누구보다도 고통에 시달렸던 사람은 반 고흐 자신이었다. '화가공동체'라는 반 고흐의 제안에 오직 고갱만이 화답했다. 반 고흐는 희망에 부풀었고, 드디어 두 사람은 아를의 노란 집에서 첫날 밤을 보냈다. 두 화가는 얼마간 작업을 함께 했지만, 예술적 견해가 달라 자주 다퉜다. 관계가 악화 일로를 걷던 어느 날, 반 고흐는 정신적 긴장을 견디지 못하고 자기 귀를 면도칼로 잘랐다. 숨쉬는 것조차 고통스러웠다. 반 고흐 자신을 스스로 정신병원에 가두게 했던, 바로 그 고통이었다.

고통은 실존적 자기 자신을 발견하게 한다. 분명 자신이지만 한 번도 경험하지 못한 낯선 모습이다. 그 만남은 개인의 내면과 주위의 관계를 파괴하면서 시작한다. 고통은 동행을 모른다. 고통을 주위와 나눌 수 없다는 실존적 외로움

을 느낄 때, 우리는 비로소 곁을 나누는 동행이 가능해지는 운명적 장난을 경험한다.[21]

고통의 시대에 우리가 잊지 말아야 할 것은 바로 '곁의 자리'다. 누구나 한 번쯤은 곁의 자리에서 서로의 삶 속으로 스며들며 삶이 빛나는 경험을 했을 것이다. 하지만 관심과 연대가 희미해진 요즘, 곁의 자리는 어디쯤 있을지 궁금하다.

인권재단 '사람'의 박래군 소장은 그 자리가 소녀상이 아니라 곁에 의자라고 가리킨다. 소녀를 안타까운 시선으로 바라보는 자리가 아니라, 의자에 앉아 소녀와 같은 곳을 바라보는 자리다. 문학평론가 신형철은 윤동주의 시 「병원」에 나오는 '그가 누웠던 자리'를 지목한다.

"서정은 언제 아름다움에 도달하는가. 인식론적으로 혹은 윤리학적으로 겸허할 때다. 타자를 안다고 말하지 않고, 타자의 고통을 느낄 수 있다고 자신하지 않고, 타자와의 만남을 선불리 도모하지 않는 시가 그렇지 않은 시보다 아름다움에 도달할 가능성이 더 높다. 서정시는 가장 왜소할 때

21) 엄기호, 『고통은 나눌 수 있는가』, 나무연필, 2018, p125~126

가장 거대하고, 가장 무력할 때 가장 위대하다. 우리는 그럴 때 '서정적으로 올바른'이라는 표현을 쓸 수 있다. 서정적으로 올바른 시들은 자신이 있어야 할 자리를 안다. 그것은 '그가 누웠던 자리'다." 22)

아픈 여자가 누웠던 자리에 내가 누워 보는 공간의 실천을 통해 인간 상호작용이 이루어지는 사회적 공간이면서, 고통에 몸부림치는 사람 옆에서 자신이 아무것도 해줄 수 없다는 왜소함과 무력감으로 엎드려 울먹이는 자리가 바로 곁의 자리다. 그림에서 다친 사람을 도운 이는 가장 무력한 위치에 있던 사마리아인이었다.

우리는 가장 왜소하고 가장 무력한 자리에 서 있을 때, 우리 안에 숨어 있던 능력과 잠재력을 자각한다. 무력하다는 것을 아는 사람들끼리 서로 연민하고 소통하는 통로를 찾는 것이다. 바로 무력함의 연대다. 깊이를 알 수 없는 아픔과 맞서 싸우는 자리가 아니라, 곁을 통해 서로 동행하는 자리다.

내일을 향한 기대와 달리, 가슴 아픈 참사에 무력감을 호

22) 신형철, 『몰락의 에티카』, 문학동네, 2008, p511~512

소하는 사람이 많다. 잊지 말자. 우리는 가장 무력할 때 가장 위대했다.

“

강요된 선택이
아니라
이해의 과정이길

”

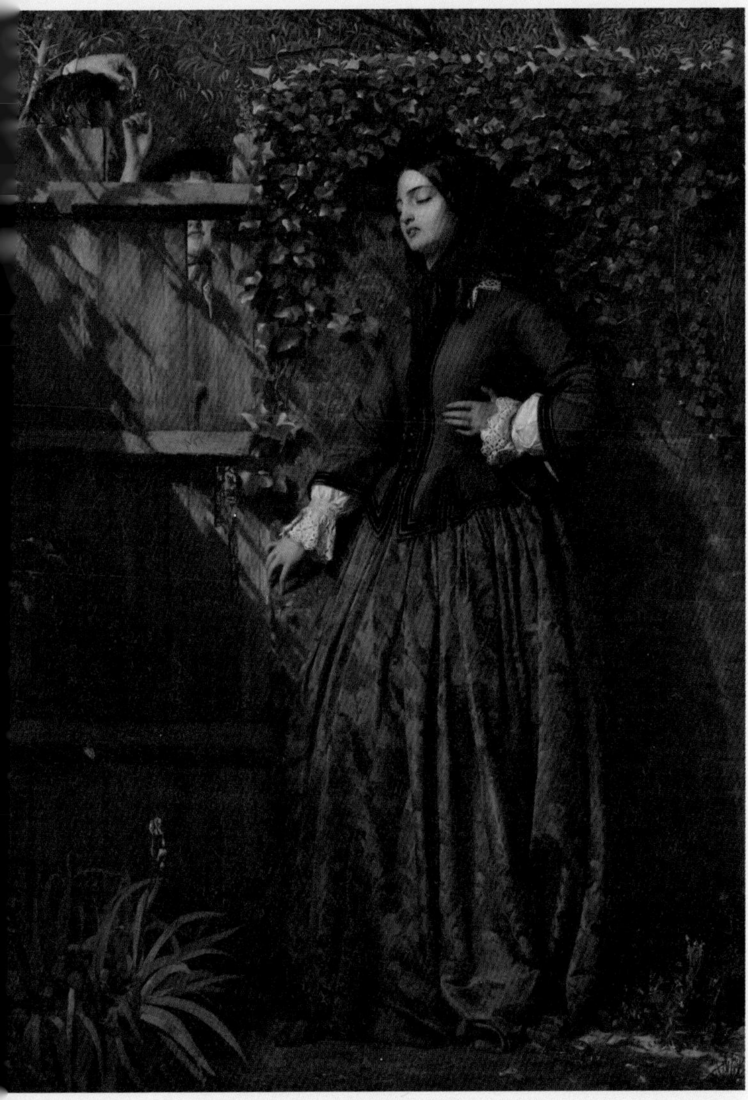

깨진 맹세(Broken vows), 1856
필립 허모진스 캘더론
캔버스에 유채, 91.4x67.9cm

햇살이 따사롭다. 이목구비가 뚜렷한 얼굴은 눈을 감고 있다. 잠자는 숲속의 공주가 따로 없다. 벽에 기대어 생각에 잠긴 얼굴은 평온하기 그지없다. 그녀는 담쟁이를 두른 벽에 한쪽 등을 의지한 채 서 있다. 그 모습에서 외로움이 느껴진다. 외로움이 보이는 순간, 그녀에게만 집중되었던 시선은 전체를 더듬어 간다.

아! 그녀가 기댄 곳은 건물의 벽이 아니라 담이다. 담은 이편과 저편을 나누는 경계다. 자연스레 저편의 풍경이 궁금해진다. 담 왼쪽으로 나무로 된 문이 눈에 들어온다. 부서지고 벌어진 문 뒤로 남자와 여자의 얼굴이 부분적으로 드러난다. 머리까지 올라간 남자의 손에는 꽃이 들렸고 여자의 손은 그 꽃을 향해 간다. 다른 세상에 사는 것 같은 두 사람은 서로를 희롱하며 웃고 있다.

이제야 평온한 얼굴과 따사로운 햇살이 역설적으로 다가온다. 왼쪽 가슴말을 받힌 손에서 아픔의 깊이가 느껴진다. 담 모서리를 잡은 손은 갈피를 잡지 못하는 그녀의 마음이다. '세상 모든 게 변해도 너만은 변하지 않을 거라 믿었는데.' 언젠가 들었던 사랑의 속삭임은 더 이상 그녀의 몫이 아니다. 상처받은 마음은 회복을 기대하지 않는다. '어떻게 해야 하나요?' 그녀는 화내지 않았고 싸우지 않았다. 도망치지 않았다. 씩씩거리는 숨소리 한 번 내지 않았다. 들킬까 두려워서 울음은 안으로 삼켰다. 남은 건 어쩔 수 없는 평온뿐이다. 필립 허모진스 캘더른(Philip H. Calderon, 1833~1898)의 <깨진 맹세>다.

미야모토 테루의 「밤 벚꽃」[23]에서 나이 오십을 바라보는 중년의 아이코도 젊은 시절 비슷한 아픔을 겪었다. 아이코는 일 년 전에 외아들을 잃었다. 더 거슬러 십 년 전에는 남편과 헤어졌다.

하루는 벚꽃이 잘 보이는 방에 하룻밤 묵게 해 달라는 가난한 신혼부부에게 2층 방을 내준다. 아이코는 벽에 기대어 그들의 속삭임을 엿들으며 과거를 회상한다. 그때도 벚꽃은 피었고 사랑도 피었다. 많은 것을 내려놓은 아이코는 이제는 자신의 마음이 제일 소중하다는 것을 안다. 그때는 아파하는 자신을 살필 여유가 없었다. 스물아홉의 아이코에

23) 미야모토 테루, 『환상의 빛』, 바다출판사, 2014

게 닥친 현실은 선택을 강요했다. 그래서 바람을 피운 남편에게 헤어지자고 단호하게 말했다. 뒤안길에 선 지금, 아이코는 내면에서 울리는 목소리에 귀를 기울인다. 신혼부부의 속삭임을 뒤로하고, 지는 밤 벚꽃에 현재의 자신을 비춘다. 꽃이 지듯 또 하루가 멀어져 간다. 그녀는 지금이라면 어떤 여자라도 될 수 있겠다고 생각한다.

우리는 자신을 설득하지 않고는 한 걸음도 움직일 수 없다. 콩 한 조각, 술 한 모금도 예외가 아니다. 이 정도야 괜찮다며 자신을 설득한 후에 행동으로 옮길 수 있다. 못난이도 내 사랑이 될 수 있는 건, 겉모습이 아닌 그녀만이 가진 매력이 나를 설득했기 때문이다. 눈을 떴지만 다시 누워 버리는 건, 될 대로 되라는 식의 포기가 내게 먹혔기 때문이다. 자기 설득과 타협이 되지 않으면 늦잠은 불가능하다. 이렇듯 자기와 타협한 후에 내린 선택의 합이 바로 자기 삶이다. 선택의 자유가 없다면 자기 삶은 존재하지 않는다. 자기의 이유로 선택된 삶은 그나마 견디기 수월하지 않을까 싶지만, 단호하게 선택했던 삶마저도 아이코는 후회했다.

직관적으로 느껴지는 아픔의 시간을 보내고, 다시 평온

한 그녀의 얼굴을 바라본다. 그녀의 시선은 문 뒤의 남녀를 떠나 자기 내면을 향한다. 땅에 뿌리를 내린 채로 내면에서 울리는 목소리를 듣는다. 그 자리에 서서 살아 있기에 동행할 수밖에 없는 존재의 아픔을 바라본다. 철학자이자 시인인 마크 모네는 '들음은 모든 중요한 것들에 이르는 문과 같다.'라고 했다. 문 앞에 서서 마음의 문을 두드린다. 두드리는 것은 곁의 자리에서 공감하는 것이다. 경청과 공감은 기다리는 연습이 필요하다. 눈앞의 현실에 급급해 닫힌 문을 부수고 들어가 선택을 강요하는 게 아니라 자유의지로 문을 열고 나올 수 있게 지켜봐 주는 것이다. 경청과 공감을 통해 정서가 안정되면 자신이 느끼는 감정을 공포와 분노로 연결하지 않고 자연스러운 것으로 받아들인다. 결국에는 현재 상황을 감당할 힘을 얻는다.

그녀에게 따뜻한 위로의 말이 필요할까. 현장에서 고통받는 사람들 곁을 지킨 정혜신 박사는 『당신은 옳다』에서 조언, 충고, 평가, 판단만 하지 않아도 공감의 절반은 시작된

---

24) 정혜신, 『당신이 옳다』, 해냄출판사, 2018, p9

거라고 말했다.[24)]

지금은 내면의 소리에 귀를 기울이고 있는 그녀를 지지하고 기다려 주는 게 좋을 것 같다. 이 평온한 시간이 그녀에게 강요된 선택이 아니라 이해의 과정이기를 바란다.

4부

물듦,
추상과 싸우려면
추상을 닮아야 한다

“
깨진
창문
사이로
”

열일곱 번째 이야기

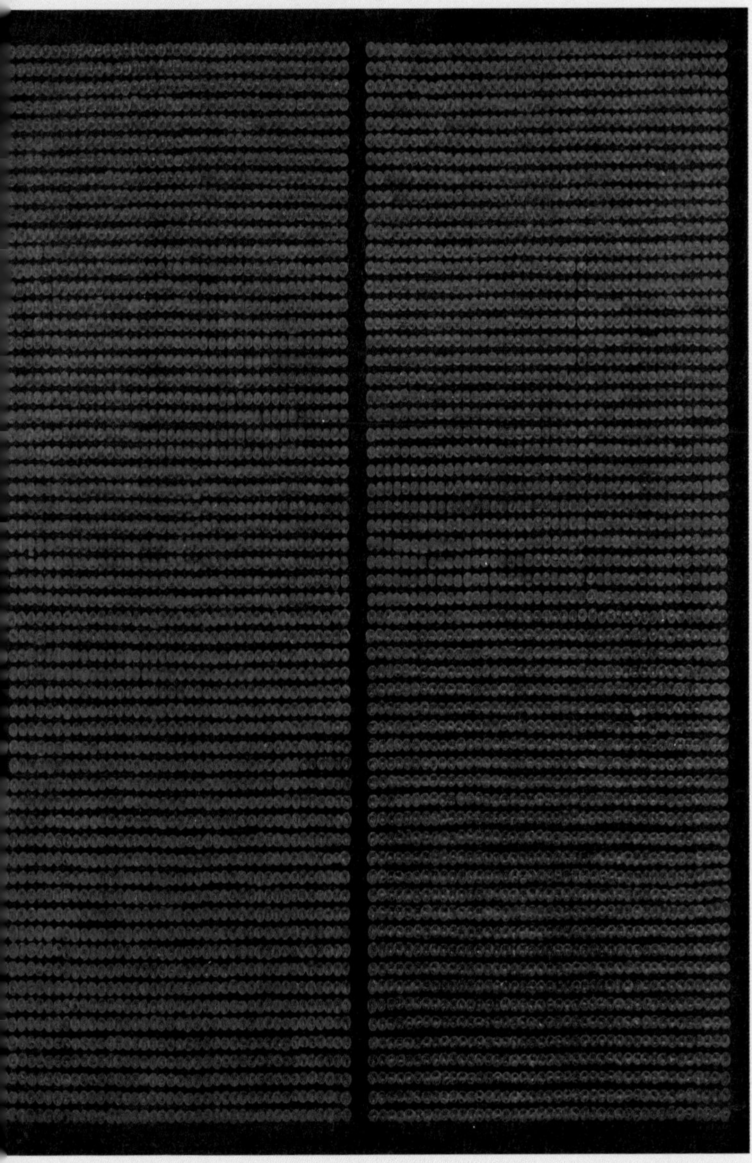

안과 밖(Inside, Outside), 1984
김기린
캔버스에 유채, 162x114.5cm

논어 팔일(八佾) 편에 회사후소(繪事後素)라는 구절이 나온다. 그림은 흰 바탕을 먼저 갖춰야 채색을 할 수 있다는 뜻이다. 인간적 품성의 중요성을 그림에 빗대어 표현했다. 바탕을 뜻하는 흰 소(素)는 회화의 평면성과 맥락을 같이한다. 미술평론가 그린버그는 누구도 주목하지 않았던 바탕의 중요성을 강조하면서, 대상 재현에 몰두했던 회화 풍토를 비판했다. 바탕이 있어야 그림을 그릴 수 있기에 그림의 본질은 평면성에 있다는 것이다. 바탕색은 순도 높은 본질 그 자체를 의미한다. 그렇다면 형상이 사라진 빈 공간은 마냥 공허한 것일까? 형상을 버림으로써 그동안 보이지 않던 그 무엇이 드러난다.

소통의 관점에서 보면 바탕은, 내면의 목소리에 귀를 기울일 마음의 준비가 되었는지를 의미한다. 마치 오케스트라가 연주를 시작하기 바로 전, 무대와 객석이 모두 숨을 죽이고 보이지 않는 음악을 기다리는 공간과 같다. 음악의 현장성과 달리 그림의 바탕에는 무심히 흘려보낸 과거를 현재로 되돌려서 대면하는 시선이 담겨 있다. 그 시선은 앞만 보고 질주하는 사람에게서는 찾을 수 없다. 자신과 주위의 목소리를 경청하고 공감할 만큼 자기 삶에 너그러워졌을 때 가능한 시선이다. 대상을 그리듯 삶의 방향성을 제시하고 설득하는 것은 경청과 공감을 통해 상대방과 교감한 뒤에 하는 일이다. 사람들은 자기 내면의 목소리는 물론 주위의 조언에 귀를 기울이는 데 익숙하지 않다. 귀에 손을 대고 열심히 듣는 척은 하는데, 실제로는 한 귀로 듣고 한 귀로 흘리는 경우가 다반사다. 때로는 결코 들어서는 안 될 악마의 유혹으로 치부하기도 한다.

처음에는 훤히 보이는 창문이었다. 열린 창문 사이로 안과 밖은 하나였고, 서로 소통하는 데 어려움이 없었다. 생각해 보면 산다는 것은 안과 밖에서 색을 입히는 일이다. 마치 선악과를 따먹고 부끄러움을 알게 된 이브가 무화과나무 잎사귀로 벌거벗은 몸을 가린 것과 같다. 맘에 드는 색은 즐겁게 입히고, 맘에 들지 않은 색은 힘겹게 입힌다. 색이 바랠 때면 다시 입히고, 색에 지칠 때면 다른 색으로 입힌다. 그렇게 색을 입히다 보면 자기만의 세계에 빠져 어느 순간부터 빛이 들어오지 않는다. 안에서 밖이 보이지 않고, 밖에서 안이 보이지 않는다. 서로 볼 수 없다면 창문은 벽과 다르지 않다.

우리는 자기 나름대로 정리한 생각을 밖으로 내놓고 주위에 의해 다듬어지는 과정을 거치면서 나름의 방향성을 찾아간다. 그런데도 우리 안의 생각은 자주 잘못된 방향으로 흐른다. 골방에서 꼬리에 꼬리를 물고 이어지는 생각이 그렇다. 보이지 않는 영역을 반영하지 못한 생각은 오류에 노출되고 개인의 상황에 따라 과장될 개연성이 있다. 오류가 있는 생각은 왜곡된 감정을 만든다. 왜곡된 감정을 감당하기 어려워지면 우리는 힘든 감정을 다스릴 다른 생각과 행동을 끌어온다. 심리학 용어로 방어기제다. 회피하고, 부정하고, 화를 내고, 때로는 몸이 아프다. 자기감정을 억누르고 표현하지 않는 억압도 방어기제의 한 방편이다.

우리는 주위로부터 자신을 힘들게 하는 생각을 멈추라고 조언을 듣는다. 생각을 멈추려고 해도 생각하지 않을 권리는 우리에게 있지 않다. 딱 일 분만 눈을 감고 아무 생각 없이 버텨 보자. 다른 일에 매달리고 머리를 흔들고 먼 산을 바라보면서 생각을 멈추려 해도 좌표 없이 떠오르는 생각의 물꼬를 막을 수 없다. 생각이 꼬리를 물고 이어지는 과정은 창문에 색을 입히는 것과 같다. 내 안의 감정은 색에 가려 점점 희미해진다.

심리학책을 보면 감정은 적고 생각은 많은 사람 이야기가 나온다. 감정을 드러내야 할 순간에 오히려 생각을 하는 사람들이다. 억울하고 답답할 때는 화를 내야 한다. 분이 치밀어 올라야 하는데, 그 마음을 감정과 연결하지 못한다. 울분을 토하기는커녕, 부서져서 파편화된 조각 위에 자신을 세워 놓고서 타자를 대하듯 안쓰럽다고 생각한다. 문제의 핵심은, 본연의 감정에는 관심을 거두고 생각에는 생각을 더하면서 오는 불균형이다. 기울어진 운동장에서 감정이 숨 쉴 공간은 점점 줄어든다. 오히려 생각에서 비롯된 산출물을 자신의 감정으로 착각한다. 앞서 얘기한 안쓰러운 마음도 사실은 본연의 감정이 아니다. 타자화된 자신을 바라보면서 나온 왜곡된 생각이다.

생각은 많고 감정은 적은 패턴은 삶에 생산적이고 효과적으로 이바지할지도 모르겠지만, 정작 자신에게는 도움이 되지 않는다. 심리학책에 사례로 나오는 사람처럼 아픔을 향한 정규 코스를 따라간다. 사람들은 대부분 정규 코스의 끝

지점에서 만난다. 막다른 골목에서 자신을 추스르고 싸우기 시작한다. 처음에는 두텁게 색이 입혀진 창문 때문에 내 안의 나와 소통이 되지 않는다. 그래서 허리춤을 붙잡고 끝 모를 싸움을 한다. 싸움판이 벌어졌는데 주위가 온전할까? 풍비박산이 난다. 신기하게도 빛은 깨진 창문 사이로 들어온다. 깨진 창문 사이로 다시 안과 밖은 소통을 시작한다.

깨지지 않았다면 들여다보지 않았을 것이다. 자신 안에서 행해지는 의식 활동과 이로 인한 부산물이 얼마나 왜곡되어 있는지, 그로 인해 불필요한 감정 소모가 얼마나 심했는지, 자신이 맺은 삶의 끈이 얼마나 약해졌는지 살피지 못했을 것이다. 보이는 것에 매달려 살다가 아픔 방정식처럼 보이지 않는 것을 발견할 때면 스스로가 민망스럽다. 사실은 민망할 게 아니라, 감격의 눈물을 흘려야 할 순간이다. 그 눈물은 나를 부수는 왜곡된 생각의 파편 위가 아니라, 무언가를 발견한 기쁨과 왜곡된 생각에 휘둘려 지낸 억울함이라는 단단한 감정 위에 서 있다는 증거다. 흐르는 눈물에 시선 둘 곳을 찾지 못하면 고개를 들어 하늘을 쳐다본다. 그 하늘은 유난히 높고 파랗다. 유독 깊어 보이는 하늘은 구름 한

점, 바람 한 점 얻지 못한 하늘이 아니라, 깊숙이 보이지 않는 무엇을 담은 바탕이다.

화가 김기린(金麒麟, 1936~2021)은 좀처럼 캔버스에 대상을 올릴 생각을 하지 않는다. 무슨 이유에서인지 하나의 색으로 바탕을 입힌다. 색을 입히는 작업을 층층이 반복하면서 바탕에 집중한다. 많게는 30층 정도 물감을 입힐 때도 있다. 붓질의 숨결이 면면이 쌓인 바탕은 점점 더 막막해진다. 깊숙한 곳으로부터 울림이 시작되는 바탕은 아득하게 펼쳐진 하늘을 닮았다. 세상이 벽을 세우고 안과 밖을 나눈들 하늘을 나눌 수는 없는 법이다.

이러한 반복과 집중을 통해 바탕이 온전히 서면 안과 밖은 서로 소통을 시작한다. 이제 바탕은 내면에서 울리는 목소리를 들을 준비가 되어 있는지 내게 묻는다. 막막한 바탕은 그 자체로 새로운 시작이다. 나는 이제 어떤 고백도 할 수 있을 것 같은 바탕 위에 서 있다. 바탕 위에 점을 하나 찍는다. 까만 바탕 위에 까만 점을, 하얀 바탕 위에 하얀 점을 찍는다. 그렇게 보이지 않는 점을 보이게 찍어 나간다. 점을 찍는 일은 바탕 위에 새로운 대상을 올리는 것이 아니라 그동안 소통하지 못했던 너무도 많은 나를 올리는 것이다. 김기린은 “점은 시작일 수도 끝일 수도, 또한 선도 되고 형태도 되고, 그 안에는 시간도 생각도 흔적도 있다”라고 했다. 그림을 가까이서 보면 점들은 제각기 숨을 쉰다. 닮은 듯 다른 모습의 점들은 시간과 생각과 흔적을 담은 삶의 지문이다. 억눌려서 보이지 않았던 감정의 지문이다.

김기린은 1970년대 한국 화단의 큰 흐름이었던 단색조의 모노크롬 회화를 이끌었다. 김기린의 색채 탐구는 제목 <안과 밖>처럼 보이는 것과 보이지 않는 것을 매개하려는 노력의 일환이었다. 리듬감 있게 반복되는 격자 패턴은 구조적이고 엄격한 현대사회의 단면을 보여 주는 것 같지만, 막막하게 깊은 바탕과 수직과 수평으로 찍힌 점들을 가만히 보고 있자면 한국적 나무틀 창 앞에 서 있는 착각에 빠져든다. 창은 안과 밖을 이어 주는 기능을 수행하는 동시에 경계 그 너머에 있을 보이지 않는 그 무엇을 매개하는 은유이자 상징이다.

‘보이는 것, 보이지 않는 것’은 김기린이 프랑스 유학 시절 영향을 받았던 현상학자 메를로 퐁티의 책 이름과 같다. 작가가 바탕 위에 점을 찍는 장면이 궁금하다. "몸의 감각을 통해 직접적으로 얻는 것이 진리의 실재"라는 메를로 퐁티의 주장처럼, 보이지 않는 것을 현실로 역류시켜 다시 보이게 하는 행위를 몸에 체화하는 것은 아닐까?

“

절망을 딛지 않고
세울 수 있는
깨우침은 없다

”

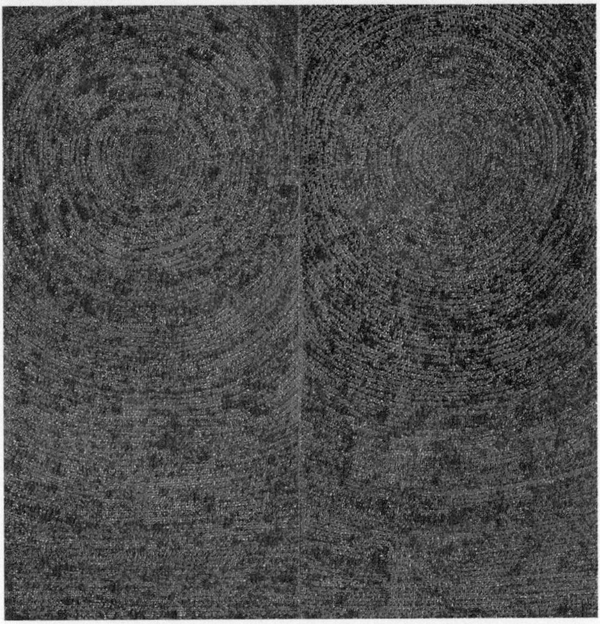

©Whanki Foundation·Whanki Museum

Universe 5-IV-71 #200, 1971

김환기

코튼에 유채, 254x254cm

최고의 화가를 꼽으라면 자연이다. 온 세상을 하얗게 덮고 가을 산을 울긋불긋 물들인다. 자연에는 타의(他意)가 없다. 자연은 붓을 들어 색을 칠하지 않는다. 자연이 세상을 변화시키는 방식은 물들일 염(染)이다. 산을 이루는 나무들 각자가 자신의 색을 바꾼 이후에 산은 울긋불긋 물든다. 보리 하나하나가 파랗게 변한 이후에 보리밭은 파랗게 물든다. 자연이 하는 일은 보리밭이 파랗게 물결치도록 바람에게 알리는 것뿐이다. 물든다는 것은 그 안의 개별적 주체들이 스스로 호응하기에 가능한 일이다.

'물든다'는 자신 안으로 '물(水)을 들인다'는 뜻이다. 물은 대상을 왜곡하는 색을 씻어 내고 본연의 모습으로 생동하게 한다. 마른 땅을 적셔 싹을 돋운다. 외부 변화에 호응하는 자기 기준이 생기면서 점점 유연해진다. 어느 순간 그 어떤 누구라도 될 수 있다는 확신이 설 때 비로소 물든다. 개별적 존재를 물들이고 변화시킬 수 있는 유일한 존재는 자기 자신이다.

자기 변화는 한 번의 색칠로 이루어지지 않는다. 염(染)은 물 수(氵)와 아홉 구(九) 그리고 나무 목(木)이 모여서 만들어진 형성자다. 여기서 아홉 구는 문맥상 여러 번을 뜻한다. 염(染)은 글자 그 자체로도 끊임없는 자기 변화를 의미한다. 변화를 강제하는 방식은 색칠할 도(塗)이다. 도(塗)는 문을 부수고 들어가 나무에 그 변화를 알려 줄 수는 있어도, 나무 스스로 호응하는 국면에는 이르지 못한다.

물들일 염(染)은 만남이며, 만남은 충격을 동반한다. 충격은 자국을 남긴다. 자국은 염(染)이 동작하는 원리가 자연에 드러나는 구체적 형식이다. 자신의 틀을 깨고 변화에 호응하는 수고스러운 과정을 드러내는 실재(實在)다. 비는 땅에 자국을 남기지만, 우리는 비 온 뒤 올라오는 흙내에서 온몸을 부딪쳐 땅을 적시는 비의 수고로움은 맡지 못한다. 새싹은 온 세상을 자국으로 물들이지만, 우리는 생동하는 봄에서 겨우내 얼었던 대지를 비집고 올라온 새싹의 수고로움은 보지 않는다. 염(染)은 외롭고 수고롭기 때문이다.

수화(樹話) 김환기(金煥基, 1913~1974)는 질긴 화가다. 물들일 염(染)을 마다하지 않았다. 김환기는 전통적 정서를 바탕으로 한국의 근대 모더니즘을 이끌었다. 한국 추상회화의 아버지로 불린다. 김환기는 젊은 시절 산과 달, 학, 매화, 백자 같은 일상적 소재를 그림에 담았다. 형태가 명확했던 구상은 점차 핵심적인 형태로 단순화되었다.

김환기는 뉴욕으로 건너가 넓은 세상에서 한국적 추상을 증명하고 싶었다. 성과를 내기 전까지 한국과 소식도 끊고 오로지 점(點)만 찍었다.

사람은 눈에 들어오는 풍경 정보를 그대로 뇌에 보내지 않는다. 일차적으로 정보를 가공한다. 대상을 인식할 때도 먼저 선을 추출한다. 이렇게 추출된 선에 대한 정보를 뇌로 보내면, 뇌는 그 선이 형성하는 어떤 특별한 형상을 기억과 비교해서 대상이 무엇인지 판별한다. 이렇듯 사람에게 의미가 되는 기호는 선이다. 흐르는 선 세 개를 나란히 그으면 사람들은 물(水)을 떠올린다.

피카소는 선 네 개로 사람의 뒷모습을 완벽하게 표현했다. 대상이 의미를 갖기 시작하면 자연이었던 대상은 인간의 논리에 한정된다. 가장 큰 비극은 '효용'이라는 논리로 비교의 대상이 되는 것이다. 인간에게 의미가 되지 않는 조형 기호는 점이다. 타의(他意)가 없는 자연의 서정은 의미에서 자유로운 점으로 표현할 수 있다.

일상에서 만나는 추상의 정점은 점이다. 점은, 위치는 있지만 부피나 크기는 없다. 선을 나누고 나누어 무한히 작아져서 무(無)로 수렴하는 과정으로 존재하는 것이 점이다. 점은 하나에 집중하지만, 결코 하나를 겨누지 않는다. 점은 그 자체로 마침표를 찍은 완성된 형태가 아니다. 점은 하나의 점이면서 동시에 그 어떤 무엇으로 변할 수 있는 가능성으로 존재한다. 점은 그 안에 온전한 이야기를 품은 소우주이기 때문이다.

"점인가? 선인가? 선보다는 점이 개성적인 것 같다."[25)]

점을 통해 개별과 전체는 끊임없이 순환하면서 안과 밖으로 확장한다. 점은 형체가 없는 그릇이기에 보편적이고, 무한을 담아 내기에 개별적이다. 김환기는 보편적 정서와 개별적 다름을 동시에 표현할 수 있는 상징으로 점을 선택했다.

김환기는 마음이 약한 예술가였다. 누구보다도 고국을 그리워했다. 김환기는 좌표 없이 떠오르는 오만 가지 그리움을 생각하며 점을 찍어 나갔다. 그 점이 애달픈 심상(心象)의

25) 김환기, 『Whanki in New York』, 환기재단, 2019, p43

표현이더라도 그 수고로움은 달라지지 않는다. 새싹에게 얼어붙은 땅속 어둠은 한 줄기 빛도 허락되지 않는 절망스러운 길이다. 끝없는 패배를 끌어안고 질기게 바동거려야 한다. 타의가 없는 자연은 모르겠지만, 불완전한 인간에게는 어쩔 수 없는 절망의 순간이다. 김환기가 지천명(知天命)에 시작한 뉴욕 생활은 험난했다. 뉴욕은 치열한 생존 경쟁이 벌어지는 전쟁터였다. 뉴욕에서 김환기는 가난했고 그리웠고 외로웠다.

자신이 추구하는 가치가 무엇인지 모르는 사람은 시류에 휘둘리기 마련이다. 당시 뉴욕은 인간의 주체적 의지를 넘어 기계 문명 그 자체를 강화하는 메커니즘의 세계였다. 그 자체로 자연스러운 자연은 찾기 어려웠기에 형상을 재현하는 색칠은 더 이상 무의미했다. 그것은 오염(汚染)에 힘을 보태는 일이었다. 김환기는 거대한 메커니즘 속에 인간을 가두는 회화와 거리를 두었다.

김환기의 화면은 규칙적이고 균등한 점을 반복한다. 반복은 화면에 리듬을 부여해서 자연이 자신의 소리를 찾고 공간을 형성해서 울림으로 확산하게 한다. 색칠할 도(塗)로는 무한한 과정과 가능성으로의 자연을 표현하는 데 한계가 있다. 무한히 변주하는 인간의 삶을 담아내기 어렵다. 물들일 염(染)이어야 한다.

염(染)은 자연의 동작 원리이지만 물들이는 가치에 대해서 신경을 쓰지 않는다. 사람의 의지에 따라 오염(汚染)도 되고 청염(淸染)도 된다. 김환기는 뉴욕의 혼돈 속에서 자신이 추구하는 가치를 잃지 않았다. 김환기가 고향 산천에서 깨우친 가치는 메마른 마음을 적시고 왜곡된 색을 지워서 나의 본성과 의지로 자연에 물드는 청염이었다.

그래서였을까. 김환기는 뉴욕에서 잠깐 붓 대신 나이프를 잡은 적이 있었고, 나이프는 동양화가인 자신에게 맞지 않는 도구임을 직감하고 바로 버렸다.[26] "캔버스의 올을 물들여 가는 듯이 번지는" 청염(淸染)의 과정은 한국적 정서와 맥을 같이한다.[27]

뉴욕 비평가들은 김환기 작품을 추상표현주의의 모방으로

26) 김환기, 『Whanki in New York』, 환기재단, 2019, p18 "칼로 완성했던 것 다시 붓으로 고쳐요. 동양 사람 체질은 역시 모필(毛筆)이 맞고 거기서 미묘감(微妙感)이 오는 것 같아."

로 치부했지만, 한국 추상의 뿌리는 서양 추상과 확연히 다른 원류에서 시작되었다. 서양 추상은 내적 창조를 통해 무엇이든 상상할 수 있는 자유이면서, 자연을 대상화하여 탐하고 자신이 발견한 아름다움을 세상을 관통하는 진리로 세우려는 자유다.

이에 반해 한국 추상은 비움을 통해 본성을 회복하여 자신을 알아 가는 자유이면서, 욕망과 왜곡에서 해방되어 자신의 이유로 생동하는 자유다. 한국 추상의 시선은 대상을 향하기에 앞서 자기 자신과 만난다. 김환기가 점으로 수렴하는 과정은 끊임없이 자신을 부정하는 시간이었다. 이미 독자적인 양식을 구축하여 원숙기에 접어든 화가에게 새로운 도전은 혼돈 속으로 자신을 던지는 일이었다.

절망을 딛지 않고 세울 수 있는 깨우침은 없다. 절망을 절망으로 끝낼 수 없기에, 우리는 어제의 절망 옆에 오늘의 절망을 세우고 다시 절망하는 힘으로 내일의 절망을 만나야

27) 김영나, 『자연의 서정을 노래한 화가, 김환기』, "마치 캔버스의 올을 물들여 가는 듯이 번지는 기법은 오랜 서양화 기법의 연마 끝에 다다른 동양의 수묵적 느낌으로의 회귀성이 강하다."

한다. 김환기의 염(染)들은 과정의 수고로움을 외면하고 현실과 동떨어진 높이로 단번에 비약하려는 세상에 던지는 작은 몸짓이다. 그 수많은 염(染) 중에서 깨달음 하나 얻을 수 있다면 김환기의 질긴 수고로움은 결코 절망일 수 없다. 김환기가 좀처럼 염(染)을 멈추지 않은 이유다.

"

수많은
처음을
만들어 가는 일

"

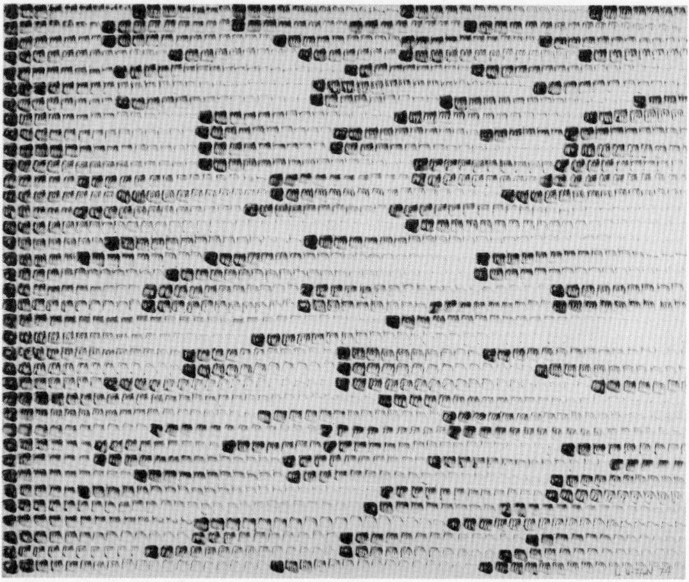

점으로부터(From Point) No.202, 1974

이우환

캔버스에 유채, 128.5x161.8cm

인공지능(Artificial Intelligence)이 그림을 그린다. 소설을 쓰고 음악을 작곡한다. 인공지능은 엄청난 계산량을 단숨에 처리하는 슈퍼컴퓨팅 네트워크로 그동안 인간이 안주했던 캔버스라는 물리적 한계를 뛰어넘었다. 인공지능은 드넓은 가상 공간을 캔버스 삼아 한 번도 경험하지 못한 몰입감 넘치는 그래픽을 연출한다.

화가와 인공지능이 협업해서 작품을 완성하는 일도 활발하게 진행 중이다. 인공지능이 화가의 의도에 맞춰 밑그림을 제공하면, 화가는 그 위에 자신의 세계를 묘사는 방식으로 그림을 마무리한다. 이 외에도 인공지능이 그린 그림을 화가가 그대로 따라 그려서 과정이 생략된 인공지능의 그림에 과정을 부여하기도 하고, 화면을 반으로 나누고 화가와 인공지능이 협업하기도 한다.

인공지능이 그린 그림을 예술의 범주로 포함해야 하는가에 대한 논란과 관계없이 미술관에는 인공지능이 그린 그림이 전시되고 판매 중이다. 현장에 인공지능은 이미 깊숙이 들어와 있다.

2016년 인공지능 알파고[28)]와 최근의 챗GPT[29)]가 사회에 던진 충격은 심리적 공황 수준이었다. 그런데 인공지능을 대하는 회화의 시선은 앞서 기술한 인간과 인공지능 간 협업 사례처럼 다른 분야에 비해 유연하다. 회화는 과거에 이와 비슷한 충격을 경험했다. 과거 카메라의 등장으로 기억과 인식, 그리고 프레임을 통한 추론이 인간의 고유 영역이라는 생각은 일거에 무너졌다. 카메라는 정확성과 효율성 면에서 타의 추종을 불허했기에 화가들은 절망할 수밖에 없었다. 화가들은 인간 시선의 고유한 특성을 찾고 인간 내면의 상상력을 극대화하는 방향으로 전환하면서 위기를 기회로 바꾸었다.

멀지 않은 시기에 인공지능은 정보를 분석하고 조합해서 제공하는 수준을 뛰어넘어 인간의 욕망이라는 숨겨진 이면을 이해하는 그림을 내놓을 것이다. 그렇게 문리(文理)를 깨친 인공지능 화가에게 인간과 어깨를 나란히 한 소감을 묻는다면, "제가 멀리 볼 수 있었던 것은 거인의 어깨 위에 있었기 때문입니다"[30]라는 겸손한 답변으로 우리를 한 번 더

28) 구글의 딥마인드가 개발한 인공지능 바둑 프로그램
29) OpenAI 플랫폼 기반 대화형 인공지능 서비스, 2023.5월 챗GPT-4 출시

놀라게 할지도 모른다.

막 걸음마를 시작한 아이에게 어깨를 빌려 주는 거인은 부모다. 그렇다면 이제 막 피어나는 인공지능에게 거인은, 자신에게 생명을 부여한 인간이 아닐 수 없다. 대상을 특정하지 않아도 된다면 '인간의 역사'로 보는 것이 더 정확하다. 질문을 인간에게 돌려, 인간에게 어깨를 내준 거인은 누구인가? 중세를 살았던 인류에게 묻는다면 신이라고 답할 것이다. 현재를 사는 인간에게 묻는다면 인류 전체라고 하겠지만, 호모 사피엔스에서 시작된 인류 역사 전체로 본다면 다름 아닌 자연이다. 자연은 인간이 유구한 역사를 이어오는 동안 인간을 품어 주고 키워 주었다.

많은 것들이 바뀌었다. 일하고 대화하는 방식은 물론 지각하고 사유하는 방식도 달라졌다. 가장 크게 바뀐 것을 들자면, 바로 자연을 대하는 태도다. 근대 이후로 사람들은 자연을 하나의 수단으로 여겼다. 건강하고 풍요로운 삶을 위해, 해석할 수 있는 객관적이고 실재적인 것으로 자연을 대

30) 아이작 뉴턴, 로버트 훅에게 보내는 1675년 2월 5일 편지 中

상화했다. 경험하지 않고도 대상을 인식하는 주관적 형식이 인간에게 있다고 믿는 신(新)인류 앞에서, 자연은 더 이상 인간을 비추는 거울이 아니었다. 이성과 과학이라는 근대적 세계관의 물줄기가 시작되는 출발점이었지만, 자연은 거대한 침묵 속에 잠기는 순간이었다.

인간은 이성을 활용해서 자연의 무한한 변화에 적응하고 제어하는 능력을 획득했다. 특히 언어에 기반한 사유 행위는 오로지 인간만이 이성을 지닌 존재임을 증명한다고 믿었다. 과학은 베일에 싸였던 자연의 비밀을 하나둘 벗겨 내면서 인간을 진보의 끝자락에 세워 줄 것처럼 그 기세가 대단했다. 나누고 분석해서 인과를 논하는 기계론적 사고방식이 사회 전반에 보편적으로 받아들여졌다. 회화에서는 카메라가 등장하면서 사실적 묘사에서 벗어나 인간만이 상상할 수 있는 세계를 추구하는 쪽으로 방향을 바꿨다. 자연스럽게 사실주의적 경향은 밀려나고 자신의 주관적 관점을 표현하는 방식이 대세를 이뤘다.

이성적으로 생각하는 것은 당면한 문제 앞에서 무의식적 본능을 누르고 왜곡된 생각의 논거를 제거하여, 좀 더 정당성이 있는 해결책을 끌어내는 최고의 수단으로 자리 잡았다. 이성은 빛을 향해 날아가면서 동시에 돌이킬 수 없는 그림자를 드리웠다. 전쟁, 인종 차별, 기후 위기, 양극화처럼 수많은 비극을 통해 우리는 이데올로기와 욕망의 수단으로 변질한 이성의 폭주를 지켜봤다. 모순적이지만 그러한 결함을 개선하고 시스템으로 반영하는 것 역시 이성에게 의존했다.[31] 예를 들어, 사회적 약자에게 공감하지 못하는 인간의 결함을 이성은 '복지'라는 가상의 시스템으로 보완했다. 반성과 재인식 과정까지 학습한 이성은 현재도 거침없이 질주 중이다.

유발 하라리는 21세기 호모 사피엔스가 자연선택의 법칙을 깨고 지적설계를 통해 스스로 한계를 초월하여 새로운 종으로 거듭나려 한다고 우려했다. 스스로 무엇을 원하는지도 모르면서 신이 되려는, 신(新)인류를 경계한 것이다.[32] 우리 사회는 표면적으로 모든 인간은 존엄하다고 주장하지만, 구조적 차원에서는 사람들에게서 자신의 존엄을 지킬 수단

31) 스티븐 핑거, 『우리 본성의 선한 천사』, 사이언스북스, 9장 이성편을 참고했다.
32) 유발 하라리, 『사피엔스』, 김영사, 2015, p6 p588

을 빼앗고, 사람의 가치를 더하고 빼고 곱하고 나눌 수 있는 숫자로 판단한 지 오래되었다. 인류는 자신들이 만들었던 수단에 자주 휘둘렸다.

'군자불기(君子不器)'라고 했다.[33] 자신을 특정한 용도의 그릇으로 한정하는 것은 '효율화'라는 논리에 맞추어 자신을 도구로 전락시키는 것이다. 더군다나 수단으로써의 삶에 익숙해지면 영역을 아무리 넓혀도 같은 맥락의 인식만 반복된다. 자기가 쌓은 성에 갇혀 변화를 거부하면 내용의 질은 기존과 별반 차이가 없으면서, 무늬만 고도화하는 관념화가 시작된다. 더 궁극적인 형태의 무언가를 찾는 관념적 추상이 반복되는 것이다.

일상이라는 캔버스를 채우는 우리는 모두 관객이면서 예술가다. 관념적 추상은 곧 나 자신의 이야기다. 우리의 일상은 겉으로 드러난 것과 무관하게 그 내부를 살펴보면 왜곡과 상처의 흔적으로 가득하다. 눈으로 볼 수 있는 조용한 일상에서 벗어나, 볼 수 없지만 일상 이면에 가득한 폭발적 에

---

33) 공자(孔子), 『논어』 위정편(爲政篇)

너지를 어떻게 그려낼 수 있을까? 남자니까, 여자니까, 남편이니까, 아내니까, 아빠니까, 자식이니까, 이렇게 언어에 내포된 추상적 관념에 길든 채 차별과 억압 속에서 허우적대지 않고 올곧게 설 수 있을까? 완결되어 조화와 균형이 잡힌 상태가 아니라 끊임없이 흔들리는 과정의 총체는 어떻게 표현할까? 캔버스에 자기 생각을 일방적으로 펼쳐 내는 것이 아니라 상대와 소통하는 겸손함을 담을 수는 없는 걸까?

그 시작은 관념적 추상에 안주하고 있는 자신을 인식하는 데서부터 출발한다. 귀납법으로 증명을 중시했던 프랜시스 베이컨은 현실과 동떨어진 높이로 단번에 비약하려는 관념적 추상은, 과정이라는 일상의 무게를 져버린 채 궁극적인 본질에만 집착하는 우리 모습에서 기인한다고 보았다.[34)]시대가 바뀌고 처한 상황이 달라지면 문제도, 해법도 바뀌는 법이다. 관념적 추상에 안주하려는 구습에서 벗어나 자신을 불균형 상태에 던져 넣고 그 혼란을 온전히 맞이해야 한다.

---

34) 김상환, 『근대적 세계관의 형성』, 에피파니, 2018, p36~37

우연한 시기에 필연적으로 만난 화가 이우환(李禹煥, 1936~)의 점들은 삶이 새겨진 얼굴의 주름을 닮았다. 끝을 가늠하기 어렵게 미세하게 퍼져 나간 방식이 그렇다. 빛과 어둠 사이에 존재하는 무한한 변주만큼 미세하게 퍼진 주름들을 하나의 분명한 색으로 뭉뚱그릴 수는 없다. 그것은 일종의 폭력이다. 주름을 선이라는 하나의 대상으로 추상하지 말고, 큰 주름 하나를 이루는 미세한 주름들이 만들어지는 과정의 합으로 바라봐야 한다.

세상사를 풀어야 할 문제로 보지 말라는 얘기를 자주 한다. 답이 없는 경우가 다반사기 때문이다. 답을 찾는 과정에 의미를 두어야 한다. 그런데 답이 보이지 않는 길은 힘겹고 지루한 여정이다. 쳇바퀴처럼 반복되는 일상에 자주 맥이 풀린다. 이에 비해 추상은 그 자체로 결과를 추구한다. 복잡한 문제에 직면했을 때 문제의 핵심을 정확하게 집어 내는 추상은 분명 의미가 있다.

인간의 삶은 자주 추상을 닮아 간다. 삶이 새겨진 수많은 주름을 지우고 선 하나로, 색 하나로 표현하라고 강요한다. 우리 모두 추상 속에서 살고 있다는 걸 깨닫는 순간 추상은 적이 아니라 이해의 대상이 된다. 알베르 카뮈는 '페스트'라는 추상과 싸우기 위해서는 추상을 닮아야 한다고 했다.[35) 코로나19 팬데믹 기간 우리는 모두 추상화되고 단순화된 소시민의 성실함을 경험했다. 손을 씻고 사회적 거리를 두고 자기 자리를 지켰다. 흔들리는 마음을 붙잡고 인내하기를 코로나19 바이러스보다 성실하게 반복했다. 그것은 매번 끝없는 패배를 예상하면서도 포기하지 않는 절망적인 노력이었다. 그 외롭고 수고로운 과정을 우리는 함께 걸었다.

그래서일까? <점으로부터>에서 이우환은 삶에서 멀어진 추상에 맞서기 위해 오히려 추상을 반복적으로 시도한다. 흰 캔버스에 짙게 찍힌 점은 차츰 희미해지다가 사라진다. 이미 모든 합의가 끝난 결과를 그리는 것이 아니라 왼쪽에서 오른쪽으로, 위에서 아래로라는 최소한의 합의 위에 '점'이라는 작은 몸짓을 그려 나간다. 함부로 방향을 틀거나 건너뛰지 않고 과정에 충실함으로써, 모든 사람이 평등하게 자신만의 시간과 공간을 느끼게 한다. 반복에서 느껴지는

35) 알베르 카뮈, 『페스트』 민음사, 2011, p123

미묘한 호흡은 새로운 시작 앞에 선 관람객 개개인의 떨림이다. 생성과 소멸의 끊임없는 반복, 그것은 수많은 처음을 만들어 가는 일이다. 나와 나, 나와 너, 인간과 자연 사이에 관계의 새로운 시작을 의미한다.

“

그림도
과정일 뿐

”

스무 번째 이야기

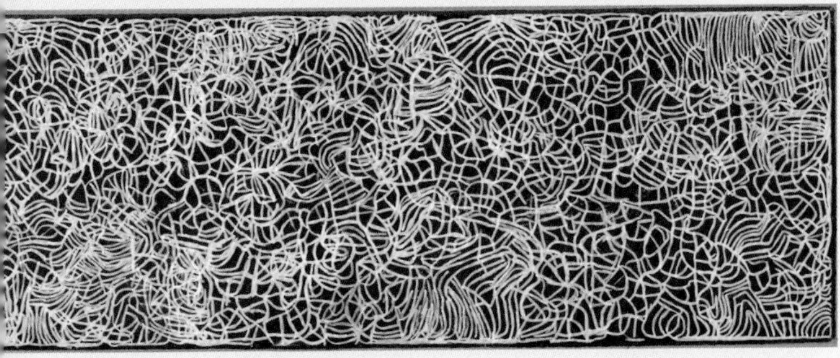

감자의 꿈(Big Yam Dreaming), 1995

에밀리 카메 크느그와레예

Synthetic Polymer Paint on Canvas, 291.1x001.8cm

검은 바탕에 흰색 선이 가득하다. 식량이 귀했던 시절에는 식구들을 넉넉히 먹이는 것이 아름다움이었다. 그래서 양(羊)이 크다(大)는 두 글자가 만나서 아름다울 미(美)가 되었다. <Big Yam Dreaming>에는 야생 감자가 많이 자라 원주민들이 식량 걱정 없이 지내기를 바라는 마음이 담겨 있다. 땅속에서 감자 줄기가 얽히고설킨다는 것은 풍성한 결실을 얻기 위한 자연의 섭리다. 감자와 마찬가지로 얽히고설켜 사는 것이 인간의 삶이다.

호주 원주민 에밀리 카메 크느그와레예(Emily Kame Kngwarreye, 1916~1996)는 자연의 섭리를 거스르지 않고 함께하면서 자연의 패턴을 몸에 체화했다. 그는 사전 밑그림은 물론 의도된 구도나 그리는 방향도 정하지 않은 채 캔버스 위에 앉았다. 그러고는 바닥에 놓인 캔버스를 오가며 몸에 체화된 패턴을 자유롭게 화폭에 옮겼다. 마치 감자를 캐듯 그림을 그렸다.

그는 70세가 되는 해에 처음으로 캔버스를 만났다. 죽기 전까지 8년 동안 그림을 그렸다. 안마티에레(Anmatyerre) 집단에는 축제 때 몸에 천연물감을 바르는 '아웰레(Awelye)'라는 의식이 있었다. 호주 정부는 천연물감으로 몸과 옷감을 물들이는 전통을 계승 발전하기 위해 여성 원주민들에게 교육 프로그램을 제공했다. 그 활동의 일환으로 그림을 그리기 시작한 그는 이후 왕성한 활동을 이어갔다. 상업화된 주류 사회에 물들지 않은 그의 그림은 사회에 큰 반향을 불렀다. 무질서한 선을 야생 감자 줄기가 퍼져 나가는 자연의 섭리로 이해한다면 그림에 보이는 흑과 백은 표면적으로 대립하는 것이 아니라 대지와 식물, 땅과 사람이 서로 보완하고 어울리는 패턴으로 이해할 수 있다.

정형화된 역할에 길들면 자신의 정체성을 이들 역할에 투사하기 쉽다. 역할은 욕구를 충족하기 위한 수단으로 주어진 것인데, 그 역할을 본연의 가치로 잘못 이해하는 것이다. 어느 순간부터는 오히려 역할에 기대어 사는 것이 편해진다. 따뜻한 아랫목 이불속에 숨어 찬 바람 부는 바깥을 보며 안도의 한숨을 쉰다. 미지근한 온기에 매달리다가 결국 냉방이 되어 삶이 바닥을 칠 때까지 자신을 가두기에 급급해진다.

현실의 고통을 견뎌낼 일상의 토대를 위해 주어진 역할을 맡는 것은 불가피하다. 여러 가지 역할이 있다. 그 역할이 내게 미치는 영향의 여부는 내가 선택할 수 없다. 하지만 어떤 방식으로 나에게 영향을 미칠지는 선택할 수 있다. 그 역할을 어떻게 소화할지 선택해야 자신의 가치를 스스로 정의할 수 있다. 일상의 불안은 주위의 기대를 온전히 자신이 원하는 진실로 수용하지 못한 불균형에서 시작되기 때문이다.

사람의 사유는 결국 자신의 진실을 찾는 것으로 귀결된다. 누군가와의 만남도 설레는 마음이 진정되면 자기 생각을 상대에게 투사하는 일방통행이다. 우리가 이어가야 할 사유는 대상에 기대어 표면에 천착하는 오류를 반복하는 것이 아니라, 자신을 고통의 질곡으로 떨어뜨렸던 마음과 행동의 패턴을 확인하고 다음부터는 잘못된 패턴이 일어나기 전에 그것을 인식하고 방향을 전환함으로써 삶을 대하는 태도의 변화까지 끌어내는 것이다.

크느그와레예의 그림은 시간의 장막이 찢겨 어디선가 홀연히 나타난 혜성과 같았다. 주류 미술 업계는 그에게 여러 가지 솔깃한 제안을 했다. 상업성과 작품성 면에서 세계적인 추상화가와 견줄 만했기 때문이었다. 그녀의 선택은 쉽고 단호했다. 자신에게 주어진 사명은 주민들과 함께 이 땅을 지키는 것이었다. 평생 '호주 원주민'이라는 정체성을 지키며 살았던 그녀는 자연의 섭리를 하나의 패턴으로 인식했고 그 패턴을 자기 삶에 수용했다. 흑백의 대립이 아닌 어울림의 패턴을 몸의 언어로 체득했기에 무질서한 선을 자유롭게 화폭에 옮길 수 있었다. 그녀에게 그림은 하나의 과정일 뿐이다. 자연과 자신이 함께 꿈을 꾸는 과정이다.

"

한 생애가
연습으로
끝날지라도

"

Untitled, 1970

마크 로스코

캔버스에 아크릴, 152.4x145.1cm

강렬한 레드. 추상표현주의 화가 마크 로스코(Mark Rothko, 1903~1970)가 죽기 직전에 그린 유작이다. 빨간 색면 두 개가 커다란 캔버스를 물들인다. 경계가 있는 듯 없는 듯 서로 스미는 색면은 일상을 사는 우리에게 무엇을 말하고 싶은 걸까?

단순히 빈 공간을 채워 가는 그림은 사생일 수밖에 없다. 창조자가 아닌 이상 무에서 유를 뚝딱 만들어 버리는 재생은 의미를 갖기 어렵다. 꽃은 피고 진다. 그 안에는 한없이 피어나고 속절없이 지는 과정이 담겼다. 핀 꽃이 아니라 피어나는 꽃을, 진 꽃이 아니라 스러져 가는 꽃을 그릴 수는 없을까? 정해진 답을 향해 마지못해 옮기는 걸음이 아니라, 걷는 걸음마다 생동하는 그림 말이다. 꽃이라는 하나의 형태에 시간의 흐름을 부여하는 것은 연작이라면 모를까 어려운 일이다.

꽃 옆에 나비를 그린다. 드디어 대상 사이에 '만남'과 '헤어짐'이라는 관계가 피고 진다. 피고 지는 관계 속에서 수많은 이야기가 탄생한다. 빛과 어둠이 서로 스미고 벗어나듯이, 그림 안의 대상들은 서로 관계하며 자신의 의미와 자리를 찾아간다. 그제야 우리는 일상이라는 캔버스에 활착할 수 있다.

스미고 벗어나면서 서로에게 새로운 발견을 가능하게 했던 관계의 다른 한쪽에서, 정형화되고 습관화된 정체가 자라난다. 프레임에 갇히면 우리의 시선은 프레임을 벗어나지 못한다. 구체적인 형태에 매몰되면 다른 시각을 갖기가 어렵다. 꽃과 나비의 만남도 어느 순간에는 '꽃을 찾아 날아든 나비'라는 관계만 눈에 들어온다. 관계가 정체되는 것이다. 마크 로스코의 선택은 구체화된 외형을 벗은 단순화된 커다란 색면이었다.

그림에서 서로 스미고 벗어나는 느낌, 즉 떨림의 느낌은 색면과 색면 사이의 관계로 표현할 수 있다. 꽃과 나비라는 형체를 버리고 색면과 색면 사이의 관계에 기대면 나와 너, 나와 대상이라는 관계가 쉼 없이 상호작용을 한다. 정체된 관계가 다시 떨리기 시작하는 순간이다. 드디어 삶이라는 드라마가 그림에 묻어난다. 나는 지금 네모난 캔버스는 단순한 재생이 아니라 관계의 떨림을 담는 그릇이라고 말하는 색면을 바라보고 있다.

로스코의 삶은 봄, 여름, 가을, 겨울 사계절처럼 변화가 뚜렷하다. 러시아에서 건너온 유대계 소년에게 미국 사회는 친절하지 않았다. 어린 시절 소외된 소수자로서 느꼈던 소통의 단절과 외로움은 로스코의 예술을 관통하는 주제로 자리 잡았다. 더욱이 예술혼에 불타오를 시기에 겪은 경제 대공황과 제2차 세계대전은 로스코가 비극의 새로운 표현을 추구하게 된 주된 배경이었다. 로스코가 보기에 세상은 비극이 난무하는 무대였고, 세상 사람들은 그 무대 한가운데 던져진 존재였다. 로스코는 고대 그리스 비극에 관심을 가졌고, 로스코의 이미지와 색채는 점차 상징적으로 변해 갔다. 이 시기를 거치면서 로스코의 그림에서 구체적 외형은 사라지고 '멀티폼(multiforms)'이라는 추상 표현이 등장하기 시작한다.

색채는 어느 한쪽에 치우치지 않고 서로 주고받으면서 의존성을 갖는다. 광활한 대지와 높은 하늘, 흰색과 검은색, 삶과 죽음이 서로 속삭인다. 번지고 스며들고 때로는 서로 겹치면서 구성원들 간의 만남과 헤어짐을, 그리고 그 과정에서의 소통을 이야기한다. 하지만 아이들이 사방에서 물감을 뿌려 놓은 것 같은 멀티폼 표현은 관람객 처지에서 보면 도무지 이해하기 어려운 숙제다. 소통하려는 시도에서 오히려 소통이 좌절되는 경험을 한다.

변화가 필요했다. 새로운 시도는 점점 발전하며 복잡한 생각을 단순하게 표현하는 데 이른다. 모네가 빛의 화가라면 로스코는 색면 화가다. 커다란 사각형 모양들이 화면을 채우면서 그림이 주는 메시지는 명료하다. 독일의 색면화가 고트하르트 그라우브너의 말을 빌리면 자연 속에 나타나는 색은 그 자체로서 생명이며 시간의 변화를 보여 주는 자연의 섭리다. 그래서 색의 변화를 호흡에 비유했다. 깊이를 알 수 없는 색채, 커다랗고 모호한 색면, 엄청난 크기의 캔버스에 담긴 호흡 앞에서 누구는 탄식을 토하고 누구는 환희를 맛본다.

마음의 치유는 궁극적 목적이 될 수 없다. 새로운 방향성을 제시하고 그것이 마음에서 삶의 현장으로 이어지도록 격려해야 한다. 그래야 다시 시작되는 봄을 맞이할 수 있다. 로스코는 치유 이후의 과정을 관람객의 몫으로 남겨 두었다. 그림에서 돌아서는 우리의 등에 때로는 따뜻하고 때로는 냉엄한 빛을 비춰 준다.

로스코는 자살로 생을 마감했다. 마음의 치유라는 종교적 체험을 가능케 한 이 마법사는 정작 자신의 방향을 찾지 못했다. 명성은 얻었건만 일상은 예전 같지 않았다. 아내와의 별거, 힘든 시절 의기투합했던 동료 화가와의 갈등에 몸과 마음은 시들어 갔다. 서로 관계하며 활착했던 일상은 무너졌다. 더욱이 당시는 자기 고백적인 추상표현주의 시대가 저물고, 시대의 단면을 가감 없이 드러내는 팝아트 같은 포스트모던이 떠오르면서 시대정신마저 로스코를 외면했다. 일상의 떨림을 담지 못하는 캔버스는 화가에게 아무런 의미가 없다. 과거의 답습을 거부하는 화가의 자존심은 죽음보다 강하다. 그래서일까? 로스코의 염원이 담긴 붉은 색면은 가슴 떨리듯 아름답다.

삶은 비극이다. 사람들은 저마다의 이유로 자기 자신을 비극의 한가운데에 세우려고 한다. 자신이 누구인지, 무엇을 해야 하는지, 어디에 서 있는지 자주 놓친다. 답을 찾기 위해 하얗게 지새운 밤도 극적이지만, 의미를 찾지 못한 채 다시 맞는 새벽은 비극적이다. 그렇게 하루하루 비극과 손을 잡고 아슬아슬한 외줄 타기를 한다. 로스코는 무너지지 않기 위해 비극의 허리를 붙들고 끝 모를 사투를 벌였다. 성공 이후에 엄습해 오는 예술적 한계를 극복하려는 도전이었고, 자본의 논리에 예술이 지배 당하는 세상에 대한 도전이었다. 극 중 주인공이 끝내 무너지면 비극미는 극에 달한다.

상대의 처지를 이해하는 공감 능력은 인류가 오랜 진화를 거쳐서 얻은 산물이다. 상대의 아픔을 보기만 해도 내가 직접 그 아픔을 겪을 때 뇌에서 벌어지는 것과 같은 과정을 자동으로 경험한다. 앞에 보이는 비극은 참담하다. 눈앞에서 벌어지는 일을 자동으로 경험할 줄 아는 우리는 그 비극 속에 자신을 세우려고 한다. 이제 나는 비극의 주인공이 되어, 매 순간 참담함을 각오해야 하는 보이지 않는 비극과 마주한다. 비극이란 자신의 틀을 깨고 변화에 호응하는 고통스러운 과정을 농밀하게 경험하는 일이다.

맨 처음 뭍에 올라온 물고기처럼 쉴 새 없이 아가미를 벌컥거리다가 죽고 또 죽어야 하는 것이 우리 삶이다. 끝없는 비극이 예상되는 그 끊임없는 반복에 무슨 의미가 있는지 궁금하다. 절실히 알고 싶은데 그게 무엇인지 누구도 속 시원히 말하지 못한다. 하지만 그 답은 찾아서 말하는 것이 아니라 어느 날 드러나는 것이다. 그러니 우리는 붓을 들고 다시 공터에 서야 한다. 한 생애가 연습으로 끝날지라도.[36)]

36) 김훈, 『공터에서』, 해냄출판사, 2017, p33, p134

5부

사랑,
내 안은 사랑으로
가득하다

“

자연이
우리를
사랑하는 방식

”

스물두 번째 이야기

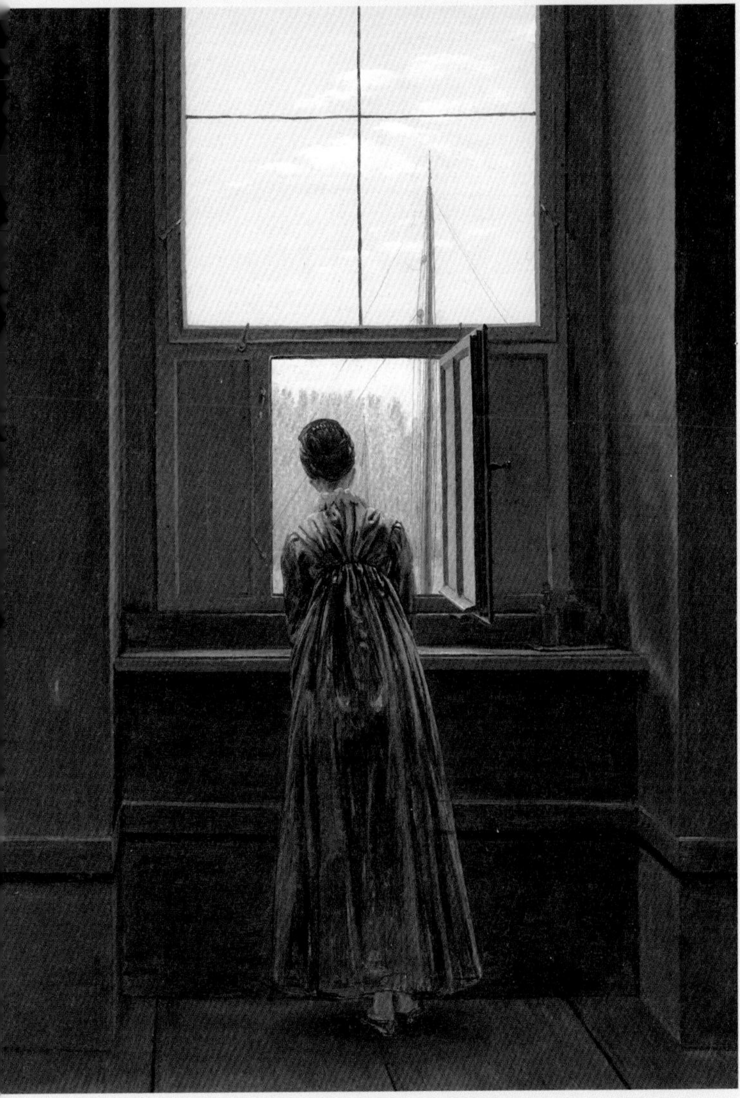

창가의 여인(Woman at a Window), 1822
카스파 다비트 프리드리히
캔버스에 유채, 44x37cm

깊은 상념을 뜻하는 '멜랑콜리(Melancholy)'에는 타의(他意)가 없다. 어떻게 쓰느냐에 따라 성찰을 끌어낼 수도 있고, 자칫 잘못하면 광기로 흐를 수도 있다. '신명(神明)'이 한국미의 특징이라면 멀리 독일은 멜랑콜리를 이야기한다. 독일인은 현실 여건이 어려워지면 관념 세계로 물러나서 순수한 논리적 사고로 현실을 재인식한 후에, 숭고하고 보편적인 가치관으로 무장하여 역사에 재등장하는 경향을 보였다.[37] 이 과정을 끌어 주는 힘이 멜랑콜리다.

근대에 들어오면서 인간은 이성적 사유를 통해 세상을 관통하는 질서를 찾는데 매달렸다. 그 질서는 인간을 진보의 끝자락에 세워 줄 것이라고 믿었다. 하지만 파고들수록 세상은 무질서로 이루어졌다는 사실만 더 분명해졌다. 근대의 시작을 열었던 프랑스대혁명은 자유와 평등이라는 민주적 가치를 내걸었지만, 결국 나폴레옹이라는 전제 권력으로 귀결되었다. 자신들이 찬미한 가치관이 죽어 가는 모습을 지켜보는 나날이 이어졌다.

---

37) 「카스파 다비트 프리드리히 회화에 나타난 독일낭만주의 복식의 특성」, 양리나·박선희, 2012

인간의 잠재의식은 살아 있는 동안 항상 죽음을 경험한다. 자신이 유한한 존재라는 각성은 존재에 대한 고민을 시작하는 이유이면서 까닭을 알 수 없는 근원적 불안이 시작되는 지점이다. 그래서 죽음은 본질적으로 삶을 낭만적으로 이끈다. 낭만은 인간 정서를 환기하고 정화하는 매력을 지녔다. 낭만적 경향은 독일에서 가장 오래 지속되었고 다른 나라보다 관념적이고 종교적인 성향을 띠었다.

독일 낭만주의 회화를 대표하는 카스파 다비트 프리드리히(Caspar David Friedrich, 1774~1840)는 엄격한 도덕을 강조하는 루터교 가족 안에서 자랐다. 어린 나이에 엄마의 죽음을 지켜봤고, 천연두와 장티푸스로 누이들을 잃었다. 충격적인 것은 얼음이 깨져 빠진 자신을 구하려다 동생이 익사한 사고였다. 극도의 불안을 끌어안고도 삶을 이어갈 수 있었던 것은 자신에게 풍경을 내어 준 자연 덕분이었다. 자연은 프리드리히를 무질서한 질서의 일부로 품어서 항심(恒心)을 느끼게 했다. 프리드리히에게 자연은 신의 언어와 다르지 않았다. 자연은 온전하게 신성했기에 신이 발현된 모습 그 자체라고 여겼다.

프리드리히는 자연을 그대로 묘사하지 않았다. 독일인의 무의식에 새겨진 풍경으로 재해석해서 그렸기에, 프리드리히의 그림은 인간이 세계와 연관 관계를 맺는 공간으로 여겨졌다. 프리드리히는 풍경을 그렸지만, 풍경 속에 자연과 종교를 결합했다. <산속의 십자가>에서는 십자가 위의 예수를 산꼭대기에 작게 그려서 자연의 일부로 묘사했다.**그림17** 신성모독 논란이 일었지만, 이를 계기로 프리드리히는 주목받는 화가로 거듭났다. 나폴레옹이 독일을 침공하면서 프리드리히는 조국의 죽음을 지켜봤고, 정치적으로 급진적인 편에 섰다.

프리드리히에게 화가란, 신의 계시를 매개하는 종교적 소명을 받은 자였다. 또한 조국을 독립시키기 위해 투쟁하는 애국 전사였다. 그림에 주로 등장하는 인물로 구도자와 수도사, 그리고 저항의 의미를 담아 옛 독일 복장을 한 남성을 자주 그렸다. 그렇게 프리드리히는 자기 삶을 매개자에 투사했다. 보이는 것과 보이지 않는 것을 연결하는 매개자, 사람과 신을 연결하는 매개자, 억압된 나라를 해방된 나라로 이어주는 매개자였다. 매개자는 주어진 사명에 충실한 삶을

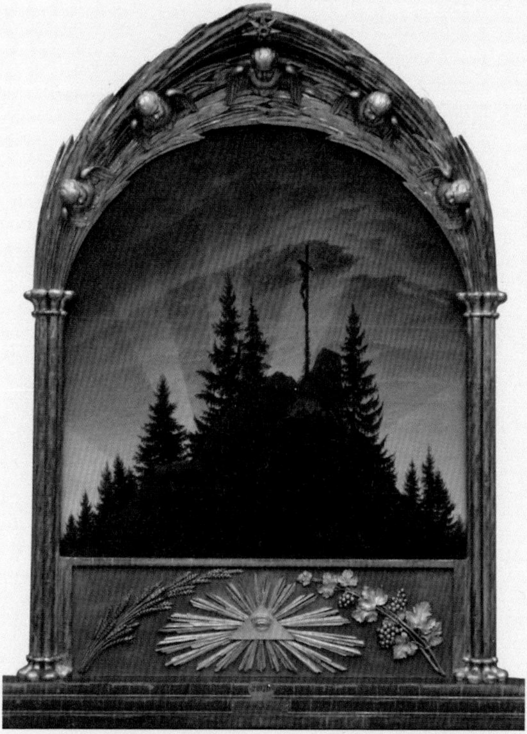

* 프리드리히는 십자가에 매달린 예수를 산꼭대기에 작게 그려서 자연의 일부로 묘사했다. 신성모독 논란이 일었지만, 이를 계기로 주목받는 화가로 거듭났다.

17 산속의 십자가(Cross in the Mountains), 1807~1808

캔버스에 유채, 115x110.5cm

살아간다. 매개자의 삶에는 표정이 없다. **그림18**

프리드리히는 그림에서 성공을 일구었고, 독일 드레스덴이 해방되면서 새로운 국면을 맞았다. 드레스덴 예술원 회원에 선출되었고, 안정적인 급료를 받았다. 항산(恒産)이 항심(恒心)을 낳는다. 삶이 안정 궤도에 오르자, 결혼과 자녀라는 미래를 꿈꿨다. 44세 프리드리히는 25세 카롤리네 봄머와 결혼한다. 아내는 전업주부였지만, 쾌활하고 유머가 넘쳤다. 그동안 프리드리히가 추구한 사랑은 자신과 민족의 가능성을 발견한 장엄한 자연 풍경을 향해서였다. 프리드리히의 사랑은 비장하게 낭만적이었는데, 아내의 사랑은 자연스럽게 낭만적이었다. 새로운 풍경의 발견이었다.

카롤리네와의 만남 이후로 프리드리히 그림에는 정다운 변화가 일어난다. 여인이 자주 등장했고, 등장인물은 상당히 커진 모습으로 화면 중앙에 의미 있게 그려졌다. 사교적이지 못했던 프리드리히는 마음에 맞는 친구들과 만나면서 내밀한 관계를 돈독히 이어갔다. 과거에는 자기 생각을 젊은 사람들에게 피력하는 것을 망설였는데, 이제는 마음을 열고 학생들을 가르치는 교수를 꿈꿨다. 그 무렵, 프리드리

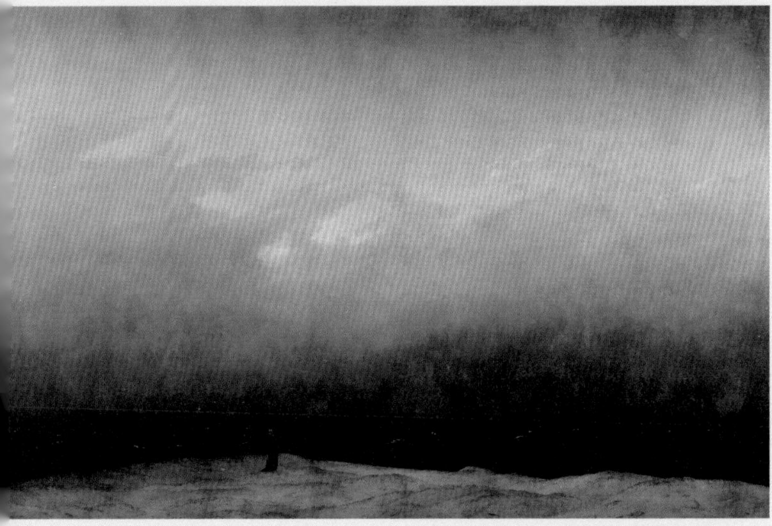

프리드리히에게 자연은 온전하게 신성했기에 신과 같은 존재였다. 광활한 바다와 하늘 앞에 선 한 인간은 가까스로 확인할 수 있을 만큼 왜소해 보인다. 신의 계시를 매개하는 수도사의 삶에는 표정이 없다.

18 바닷가의 수도사(The Monk by the Sea), 1808~1810
캔버스에 유채, 110x171.5cm

히는 창가에 서서 바깥을 바라보는 여인의 뒷모습을 화폭에 담았다. 아내를 모델로 그린 <창가의 여인>이다.

일반적으로 인물의 뒷모습은 관람객에게 끊임없이 자아와 타자 사이를 넘나드는 경험을 하게 한다. 관람객은 자신을 낯설게 바라봄으로써 반성과 재인식의 과정을 통해 자신의 정체성을 찾는 낭만적 인식에 도달한다. 프리드리히는 보이는 것과 보이지 않는 것 사이에 얼핏 드러나는 가치를 매개하는 데 천부적인 재능을 지녔다. 하지만 <창가의 여인>에서 여인의 뒷모습은 기존과는 사뭇 다르다. 여인은 왼쪽으로 상체를 살짝 기울인 채 바깥을 바라본다. 여인은 정면을 바라보며 관조하는 것이 아니라 바깥을 궁금해 하는 중이다.

여인의 뒷모습에서 프리드리히의 마음을 엿볼 수 있다. 그녀가 무엇을 궁금해 하는지, 어떤 생각을 하는지, 온통 그녀에게 초점을 맞춰 그녀와 같은 곳을 바라보고 싶은 것이다. 그래서일까. 장식이 극도로 배제된 실내 공간은 여인의 마음속으로 우리를 이끄는 초대장 같다. 프리드리히는 그녀가 궁금하다. 궁금한 사람은 만남을 망설이지 않는다. 바깥을 향한 궁금증은 종국에는 자신에게 수렴하여 자신을 찾는 길을 열어 준다. 삶의 공간은 궁금해 하는 만큼 넓어진다.

여인이 서 있는 자리는 더 이상 사명을 매개하는 자리가 아니다. 관계의 상호작용이 이뤄지는 바람직한 자리다. 프리드리히 자신의 색으로 존재하는 자리다. 그래도 세상은 돌아간다. 자연이 우리를 사랑하는 방식은 이러하다.

“

엉뚱하지만,
아름다운

”

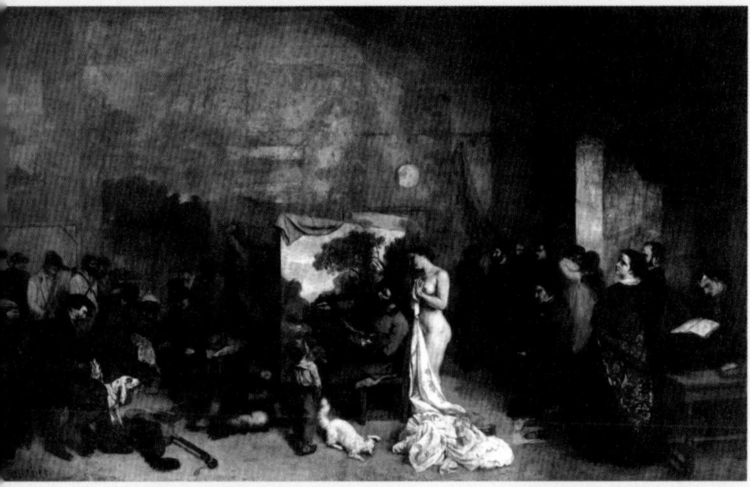

화가의 화실(The Painter's Studio), 1855

귀스타브 쿠르베

캔버스에 유채, 361x598cm

군중 속에 관능적인 누드모델이 뜬금없다. 정작 캔버스에 채워진 건 누드가 아닌 풍경이다. 화실이니 그럴 수 있겠다 싶다가도, 보면 볼수록 엉뚱하다. 주위 사람들은 이런 엉뚱함에는 관심이 없다는 듯 자기 앞의 생(生)에 진지하다. 낯섦과 친숙함이 공존하는 풍경은 다수의 침묵 속에서 묘한 긴장감을 더한다. 사람은 이해하기 힘든 장면을 만나면 그냥 지나치지 못한다. 어떤 설명을 통해 이해되는 일로 정리되지 않으면 몇 날 며칠 이 장면에서 벗어나지 못한다. 이건 현실이 아니다. 꿈이 아니고서는 이해할 수 없는 풍경이다. 그림은 막 꿈에서 깨어나 다시 꿈을 떠올리는 사이 어디쯤 관람객을 세운다.

시선은 다시 화실 중앙으로 쏠린다. 아이는 그림 그리기에 몰두한 화가를 경이롭다는 듯 쳐다본다. 통통한 볼살만큼이나 궁금증이 많은 아이다.

"화가가 된 거야?"

"그래. 여긴 내 화실이야."

"완전 부럽다. 수염도 멋져!"

"수염만? 파리에서 내가 제일 잘나가."

"이 풍경은 내가 자주 놀러 가던 계곡이잖아. 프랑슈콩테."

"내 고향이기도 해. 시골 마을. 언제나 가고 싶어."

"옆에 누나는 누구야?"

"아름답지? 모델이야. 누드모델."

"멋지긴 해. 그런데 우리 엄마처럼 포근해 보여."

"나는 비너스나 천사는 안 그려. 본 적이 없거든."

"여기 있는 사람들 다 친구야?"

"오른쪽에는 친구랑 후원자. 저 끝에 책 읽는 친구 보이지? 보들레르야. 고마운 친구지. 책벌레고. 왼쪽에는 내가 지키려는 사람들과 내가 싸우려는 사람들."

"싸우지 마!"

"때론 싸워야 해. 없는 사람들 못살게 하는 나쁜 사람들이야. 보이지 않는 것에 영혼을 팔면 안 돼."

<화가의 화실>로 불리는 이 그림은 사실주의 화가 귀스타브 쿠르베(Gustave Courbet, 1819~1877)의 회심작이다. 쿠르베

는 이 그림에 "나의 예술적, 도덕적 7년 세월을 요약하는 사실의 알레고리"라는 부제를 달았다. 쿠르베의 삶이 압축된 이 그림은, 감각적인 누드와 시골을 떠오르게 하는 풍경, 그리고 긴 세월 동안 얽히고설킨 사람들이라는 흥미로운 알레고리를 담고 있다. 평소 보던 그림과 결이 달라 기존 독법으로 해석하기는 어렵다. 쿠르베는 다양한 공간과 관계망에 존재하는 인물들을 불러와 한곳에 붙인 콜라주 형식의 그림을 시도했다. 시공간을 초월한 관계의 존재 방식에 대한 화가의 통찰력이 느껴지는 작품이다. 따지고 보면 파블로 피카소(Pablo Picasso, 1881~1973)로 대표되는 입체파는 다양한 각도에서 본 모습 하나하나를 잘라 붙여 시선이 공간 안에서 어떻게 존재하는지 보여 주었다. 누구나 거인의 어깨를 딛고 오르는 법이다.

쿠르베는 그림 한가운데 자신을 세우는 사람이었다. 그리스 신화에 나오는 자기애(自己愛)의 화신, 나르키소스에게 뒤지지 않았다.**그림19** 쿠르베의 실제 삶이 그랬다. 출중한 외모와 당찬 포부, 여기에 탁월한 그림 실력을 갖춘 쿠르베는 보는 사람의 마음을 설레게 했다. 쿠르베는 작품을 통해 대담

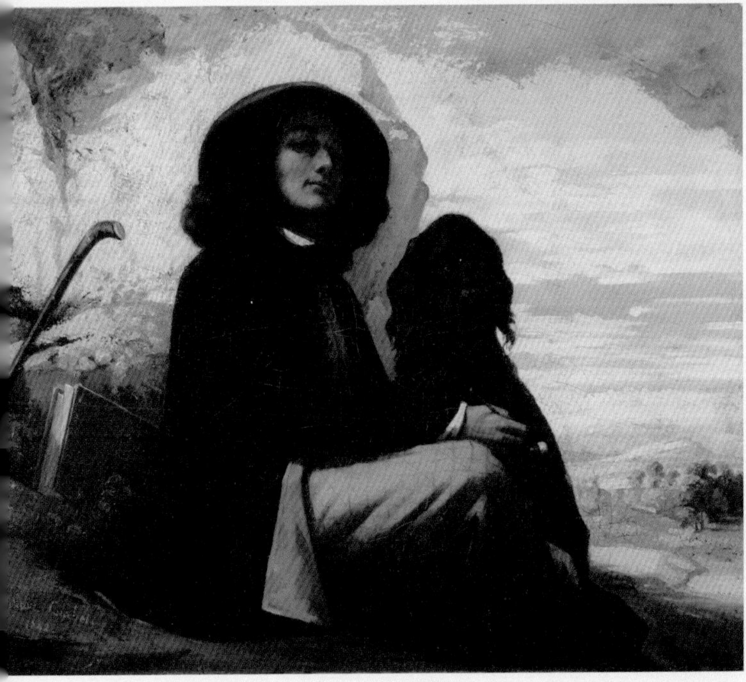

신감에 찬 화가 쿠르베의 젊은 시절을 그린 자화상이다. 수려한 외모에 자신만만한 분위기가 그림 구
과 설정에 잘 녹아 있다.

19 검은 개가 있는 자화상(Self-Portrait with a Black Dog), 1842~1844

캔버스에 유채, 68x77cm

한 사회적 발언을 서슴지 않는 혁신가이자 오피니언 리더였다. 쿠르베는 자신의 대의와 행동을 지지하는 사람들과 자기 삶에 영향을 준 사람들을 자기 주위에 세웠다. 그들을 바라보면서 흐뭇한 미소를 지었을 것이다. 자아도취 기질이 있었던 쿠르베는 결혼과 맞지 않았고, 결혼은 곧 구속이라고 생각했다. 독신으로 살았기에 그림에 가족은 등장하지 않는다.

쿠르베는 보통 사람들의 삶과 노동을 묘사한 그림으로 근대 회화에 큰 발자취를 남겼다. 주류에서 중시하는 이상화되고 인습적인 그림을 거부하고 세상을 본 그대로 표현하려고 노력했다. "내게 천사를 보여다오. 그러면 천사를 그리겠다."라는 쿠르베의 말에는 현실과 동떨어진 이상화된 세계에만 관심을 두던 당시 세태를 비판하는 동시에 현실에 충실하겠다는 쿠르베의 의지가 담겨 있다. 덕분에 쿠르베는 주류 미술계에서 관심 두지 않았던 비참한 농촌 환경과 열악한 노동자의 일상을 현실적으로 그려 냈다. <화가의 화실>은 1855년 국제박람회에서 거부당했다. 표면적으론 그림이 너무 크다는 이유였다. 캔버스 크기는 361x598cm였고, 인물과 대상은 실물 크기로 그려졌다. 주최 측의 속내를 읽어 보면 쿠르베가 시도한 알레고리를 인정하고 싶지 않았던 이유가 컸을 것이다. 사회의 불편한 이면을 있는 그대로 묘사한 그림은 추악하고 불경스럽다는 평가를 받았다.

사실주의 화풍은 쿠르베의 삶에 변화를 가져왔다. 자세히 보면 알게 되고, 알게 되면 관심이 간다. 쿠르베는 어려운 사람들의 현실을 외면할 수 없었다. 약자들은 어디에도 설 자리가 없었다. 자리가 없다는 것은 사람으로 인정받지 못하고 사회적으로 보이지 않는 존재를 의미한다. 쿠르베는 비록 그림이었지만 어려운 사람들에게 자리를 내어 주었다. '사람은 평등해야 한다.' 한 번도 정치색이 풍기는 그림을 그리지 않은 쿠르베를 정치 성격이 농후한 화가로 평가하는 이유다. 쿠르베는 <화가의 화실>에 초대할 손님에 차별을 두지 않았다. 초대 목록을 지지자와 후원자, 그리고 명망가로 한정하지 않았다. 캔버스 왼쪽 바로 옆자리에는 찢어질 듯 가난을 형상화한 여인을 앉혔다. 노동자, 농민, 사냥꾼, 이방인 등 당시 사회 밑바닥을 형성하는 사람들을 초대했다. 심지어 약자들을 착취했던 사제, 무덤 파는 사람, 상인,

창녀에게도 초대장을 보냈다. 무엇보다 누더기를 입은 아이를 놓치지 않았다. 부부가 증오의 말로 서로를 지우려고 싸울 때 정작 지워지는 건 싸움과 무관한 아이들이었다.

존재에는 높고 낮음이라는 계층적 사다리가 없다. 그 자체로 존중받아야 한다. 인간이 인간으로 존중받기 위해서는 계층적 사고가 아니라 관계망식 사고가 필요하다. 사람과 사람이 지은 작은 관계망이, 주고받는 나눔이 그리 대단하지 않을지도 모른다. 하지만 그 관계망이 받쳐 주는 사람에겐 모든 것일 수 있다. 관계를 맺는 순간 사람은 누구나 소중한 존재가 된다. '부적합자'라는 단어가 들어설 자리가 없다. '나'는 누구나 중요한 존재다. 계층적인 시선으로 보면 알 수 없지만, 관계망이 수놓은 수많은 공간 속에서 보면 우리는 서로에게 피를 돌게 하는 존재다.

쿠르베는 사적인 관계망 역시 사실적으로 표현했다. 싸우고자 했던 이들은 비록 '적'이자 '악'이었지만 존재 자체를 부정하지 않았다. 쿠르베는 누구 하나 지우지 않았다. 요즘 미디어에는 상대 진영을 지우려는 위정자들로 가득하다. 자기 입맛에 맞는 사람으로 주위를 채우면 같은 경험이 반복되고 생각은 한 방향을 가리킨다. 시간이 지날수록 다양성은 사라지고 관계는 점점 황폐해진다. 서로를 지우려는 위정자들의 싸움에 정작 지워지는 건 싸움판에 있지도 않았던 가난한 사람들이다.

이제 사회적 약자를 지우는 방식은 개인의 차원을 넘어 사회 구조적으로 진화 중이다. '복지'라는 이름의 가상 시스템을 만들고 어려운 사람들을 죄다 복지에 맡긴 채 외면한다. 사람의 따뜻한 손길이 담기지 않는 복지는 오히려 사람을 지우는 창백한 도구일 뿐이다. 우리는 날마다 누군가를 지우는 상실의 시대를 산다. 지우는 행위는 피아(彼我)를 가리지 않는다. 결국은 자신을 지우는 일로 귀결된다. 누구 한 명 지워지지 않는 공간, <화가의 화실>은 엉뚱하지만, 아름다운 그림이다.

"

스케이팅은
몸에 쌓는
신뢰다

"

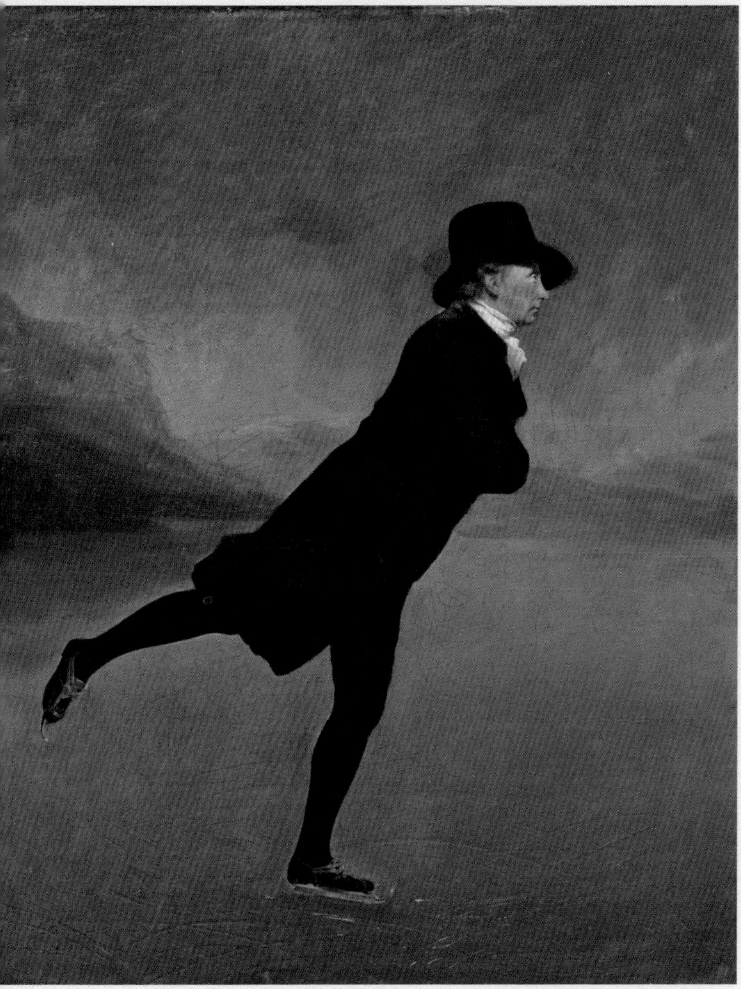

스케이트 타는 목사(The Skating Minister), 1795
헨리 레이번
캔버스에 유채, 76.2x63.5cm

몸은 이곳에, 마음은 저 멀리. 싱그러운 겨울날, <스케이트 타는 목사>는 스코틀랜드를 대표하는 그림이다. 사랑받는 그림에는 저마다 이유가 있다. 미국 메트로폴리탄 미술관이 개장하면 관람객은 한곳을 향해 줄지어 뛰어간다. <델라웨어 강을 건너는 워싱턴>이 있는 2층 미국관을 향해서다. 조지 워싱턴이 혹독한 추위와 얼음을 뚫고 늠름하게 강을 건너는 장면이 거대한 화폭에 담겨 있다.**그림20** 조지 워싱턴은 불굴의 의지와 솔선수범으로 미국의 독립을 이끈 국부이자 초대 대통령이다. 파리 루브르 박물관의 경우는 당연히 <모나리자>다. 몰려드는 관람객으로 공간은 순식간에 시장통으로 변하지만, 리자 부인은 알 듯 모를 듯 미소를 지을 뿐이다.

<스케이트를 타는 목사>의 주인공 로버트 워커(Robert Walker, 1755~1808)는 에든버러 소속 성직자이자 스케이팅 클럽 회원이었다. 이 그림은 대대로 로버트 목사 후손의 집에 숨겨져 있었다. 사람들은 그림의 존재를 잊었고, 그림도 거의 눈에 띄지 않았다. 경제가 어려워진 1926년, 목사의 증손녀는 이 그림을 700파운드 헐값에 팔았다. 또 다른 긴축 시

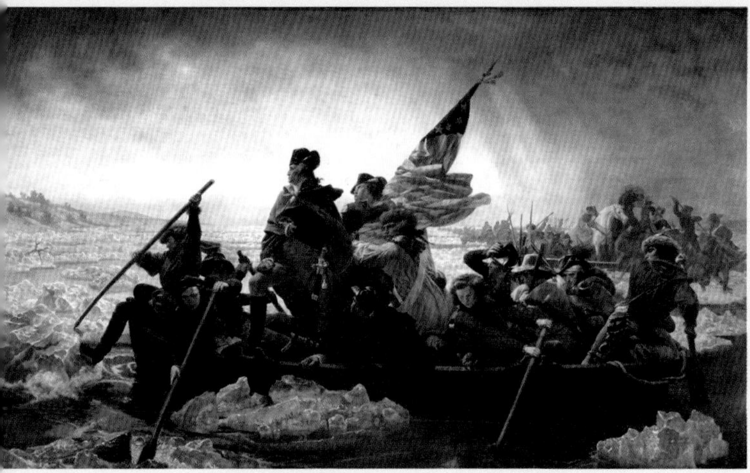

델라웨어 강을 건너는 워싱턴(Washington Crossing the Delaware), 1851

엠마누엘 고틀립 로이체

캔버스에 유채, 378.5x647.7cm

기에 다시 시장에 나온 그림을 스코틀랜드 국립미술관이 단돈 525파운드에 구입했다. 무시당했던 세월이 무색하게 지금은 스코틀랜드를 대표하는 문화 아이콘이 되었다. <스케이트 타는 목사>는 그림의 본질 중 어떤 것을 담았기에 최고의 지위에 올랐을까?

도시는 신호에 맞춰 가다 서다를 반복하는 거대한 기계 세상이다. 복잡한 도심에서 막힘없이 흘러가는 일은 색다른 경험이다. 숨 막히는 세상살이에 물 흐르듯 살고 싶은 게 사람 마음이다. 자연스러운 세상 일부로 수용되는 느낌이랄까. 그래서인지 스케이트장에는 아이들보다 성인들이 더 눈에 띈다. 몸은 말을 듣지 않더라도 마음만은 저 멀리 띄워 보내고 싶은 거다.

스케이팅은 넘어지는 연습이 중요하다. 균형을 잃었을 때 제대로 넘어져야 다치지 않는다. 올바른 자세와 미끄러지듯 가고 멈추는 법을 배운다. 수십 번 엉덩방아를 찧고 몇 번 타원을 그린 후에야 스케이트장을 활보할 수 있다. 처음 타는 사람에게 잠시나마 쑥 나아가는 느낌은 쾌감 그 이상이다. 체중을 앞에 싣고 한쪽 발을 밀어 가속도가 없어질 때까지 미끄러지면 십 년 묵은 체증이 싹 내려가는 시원함을 느낄 수 있다. 넘어지고 일어나고 미끄러지는 과정은 자기 몸에 믿음을 짓는 과정이다. 링크를 도는 동안 자신에 대한 신뢰가 몸에 쌓이고, 온전히 자신을 수용해 간다.

인류는 마음을 나누는 공감과 협력을 통해 수많은 난관을 헤치고 인간종으로 유일하게 살아남았다. 마음을 나누기 위해 모든 상황을 말로 다 표현하고 주위와 나눌 수는 없다. 그것은 상대방의 삶을 내가 대신 사는 것과 다르지 않다. 마음을 나누는 최고의 방편은 신뢰다. 절대적 신뢰와 함께 한발 물러서서 든든한 울타리가 되어 주는 것이다. 아들아, 너를 믿는다. 네가 어디서 무엇을 하든 아빠는 네 편이다. 누군가의 신뢰를 받는 사람은 잘못된 길로 들어서더라도 근저에 깔린 믿음을 떠올리며 제자리로 돌아올 힘을 생각한다.

스케이팅이 스스로 자기를 신뢰하는 과정이라면 캐치볼은 상호 간에 신뢰를 쌓는 운동이다. 캐치볼은 공을 주고받기를 끊임없이 반복한다. 공을 던지는 일은 마음을 건네는 일종의 행위예술이다. 때로는 가볍게 때로는 묵직하게 감정이 실린다. 공을 받는 일은 상대의 마음을 있는 그대로 수용하는 과정이다. 별생각 없이 공을 주고받는 것 같지만, 어느 순간 서로의 마음을 이어 주는 장치가 캐치볼 어딘가에 숨어 있다. 캐치볼은 던진 볼이 돌아오지 않거나, 받은 볼을 던지지 못하는 상황이 벌어지지 않는다. 물 흐르듯이 주고받는 과정이 반복된다. 이렇게 주고받는 당연한 일이 일상으로 가면 특별한 일이 된다. 일상에서는 일방적으로 받기만 하거나, 받았지만 차마 던질 수 없는 상황이 다반사기 때문이다. 물 흐르듯 이어지는 느낌, 즉 자신이 있는 그대로 받아들여지는 경험은 사람의 마음 근육을 키운다.

주위에서 공격적이고 충동적인 아이를 접한다. 사랑과 관심에 전문적인 치료를 보태면 아이는 훨씬 밝은 모습을 찾게 된다. 여기서 치료란 공격적인 아이를 얌전하고 순종하는 아이로 바꾸는 개념이 아니다. 건강한 공격성, 즉 외부 자극에서 자기를 지킬 힘을 키우면서 적극적이고 열정적인 아이로 방향을 잡아 주는 것이다. 아이들은 시끄러운 스마트폰과 일방적으로 전달하는 영상 문화에 영향을 많이 받는다. 즉각적이고 충동적인 환경에 노출되어 있다. 스스로 생각하고 이해하는 과정을 거쳐서 받아들이는 데 익숙하지 않다. 하나의 작품이 만들어지는 과정을 시작부터 완성까지 자기 주도로 경험한다면, 아이는 한 바퀴를 돌아본 것만으로 자신이 수용되었다는 생각을 갖는다.

트랙은 몇 바퀴를 돌아야 비로소 원인지 타원인지 알 수 있다. 그렇듯, 아이도 반복적으로 전체 과정을 경험하면서 자연스럽게 자기 조절의 힘을 키운다. 점점 타협과 양보를 생각할 마음의 여유를 얻는다. 스포츠를 치켜세우려는 의도가 아니다. 스케이팅과 캐치볼로 시작했지만, 우리가 접하는 춤, 음악, 그림 같은 예술은 모두 마음 나눔과 창조적 상상이 가능한 사유 방식이다. 그림과 내가 마주 보고 서서 공을 주고받으면서 대화를 나누는 모습을 상상해 본다.

금세공사 견습생이었던 헨리 레이번(Henry Raeburn, 1756~1823)은 젊은 시절부터 예술적 재능이 뛰어났다. 세밀화를 그리기도 했지만, 초상화에서 두각을 보였다. 레이번은 사전 스케치 없이 캔버스 위에 바로 그림을 그렸다. 인물을 조명 앞에 세우고, 조명을 세밀하게 조절하여 뚜렷한 명암의 대비를 주었다. 밝음과 어둠을 서로 대비시키면서 인물에 극적 효과를 부여했다. 초상화에 그려진 인물은 인생의 정점을 한순간에 집약해 놓은 것처럼 호소력 짙은 모습으로 자연스럽게 살아 숨 쉰다.**그림21**

저명한 초상화가로 원숙미가 넘쳤던 시기에 레이번은 그의 작품 세계와 다른 초상화를 한 점 그렸다. 실내에서 인물 분위기를 강조했던 기존 그림과 달리 <스케이트 타는 목사>는 구성과 설정 모두 특이하다. 우아하고 자유로운 몸짓에 방점을 찍은 이 그림은 예측 불가능한 블랙 스완 같다. 레오나르도 다빈치나 빈센트 반 고흐의 그림처럼 누구나 아는 그림은 아니지만, 한 번 보면 오랫동안 여운이 남는다.

레이번이 왜 목사님의 독특한 초상화를 그렸는지는 밝혀진 바는 없다. 로버트 목사는 유언장에 자기 재산을 관리할 수탁자 중 한 명으로 '에든버러의 초상화 화가 헨리 레이번'을 지목했다. 두 사람이 오랜 기간 친분을 쌓았다는 사실을 엿볼 수 있는 대목이다. 그들이 함께 스케이트를 탔다는 증거는 없지만, 레이번은 사람들과 어울리는 것을 좋아했고 활기찬 사람이었다. 바람의 저항을 줄이기 위해 두 팔을 가슴에 걸쳐 접은 상태에서 한 발로 균형을 유지하는 동작은

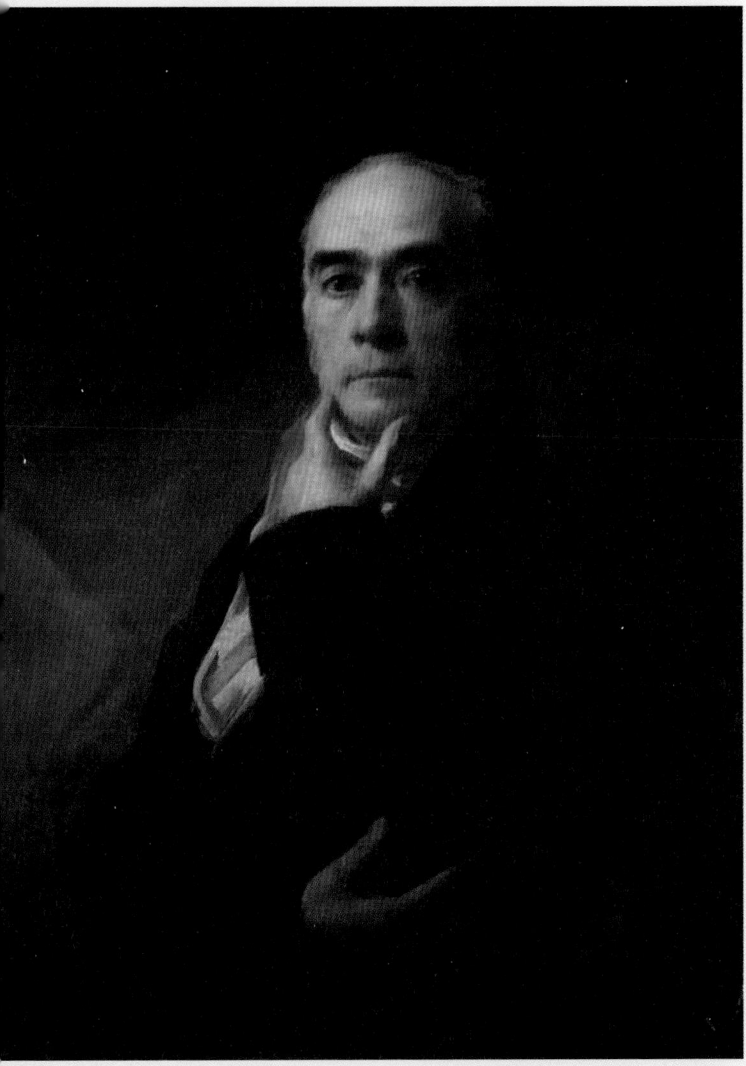

가 헨리 레이번은 인물을 조명 앞에 세우고, 조명을 세밀하게 조절하여 뚜렷한 명암의 대비를 주었다.
음과 어둠을 대비시키는 극적 효과로 호소력 짙은 분위기를 연출했다.

21 헨리 레이번 자화상(Self-Portrait), 1815
캔버스에 유채, 89x69.5cm

스케이터가 최소 노력으로 최대 거리를 갈 수 있도록 고안된 자세다. 레이번은 근엄한 사제복을 입은 목사님이 우아하게 스케이트 타는 모습을 보았고, 그 광경에 흥미를 느꼈을 것이다.[38]

로버트 목사는 어려서 아버지를 따라 네덜란드에서 살았다. 당시 겨울은 지금보다 혹독했고, 네덜란드를 거미줄처럼 연결한 운하와 수로는 자주 얼어붙었다. 일상생활은 얼음 위에서 이뤄졌고 스케이트는 신발이나 마찬가지였다. 로버트가 스코틀랜드로 돌아와 그림에 보이는 더딩스턴 호수에 올랐을 때, 그의 스케이팅 실력은 누구에게도 뒤지지 않았다.

로버트 목사는 젊은 나이에 혼란에 빠진 크래몬드 교구를 돌보라는 요청을 받았다. 크래몬드는 에든버러 근교에 있다. 교구는 중심을 잃은 지 오래되었고, 교구 시설은 황폐한 상태였다. 교구민들 사이에 불신이 만연했다. 분명 어려운 처지였을 것이다. 사목을 이어가던 로버트 목사는 어느

38) Duncan Thomson, 『The Skating Minister』, The National Galleries of Scotland 참조

날 에든버러에 있는 스케이팅 협회에 신청서를 넣었다. 육체적 건강뿐 아니라, 폭넓게 관계를 맺어 교구의 문제에서 어느 정도 벗어나려는 의도였다. 물 흐르듯 미끄러지는 느낌은 교구 신도를 이끄는 동안 쌓인 스트레스를 풀어 주었다. 스케이트를 타고 호수를 돌면서 다시 일상을 살아낼 힘을 얻었다.

초상화에는 인물의 자의식(自意識)이 담긴다. 평생 목사로 살았던 로버트의 자의식이라면 성경 말씀을 전하고 약자를 섬기는 모습에서 드러날 터였다. 스케이트를 타는 모습을 그리자는 엉뚱한 아이디어는 누구에게서 나왔을까? 화가 이전에 친구였던 레이번일 가능성이 높다. 레이번은 오랜 친구를 근엄한 사제복을 입은 목사로 그리고 싶지 않았다. 물 흐르듯 얼음 위를 질주하는 모습으로 그렸다. 자기 초상화를 바라보며 미소 짓는 로버트 목사가 눈에 선하다. 스케이팅은 몸에 쌓는 신뢰다. 자유로운 몸짓이자 사랑이 담긴 시선이다.

“

삶은
언제
명화가 되는가

”

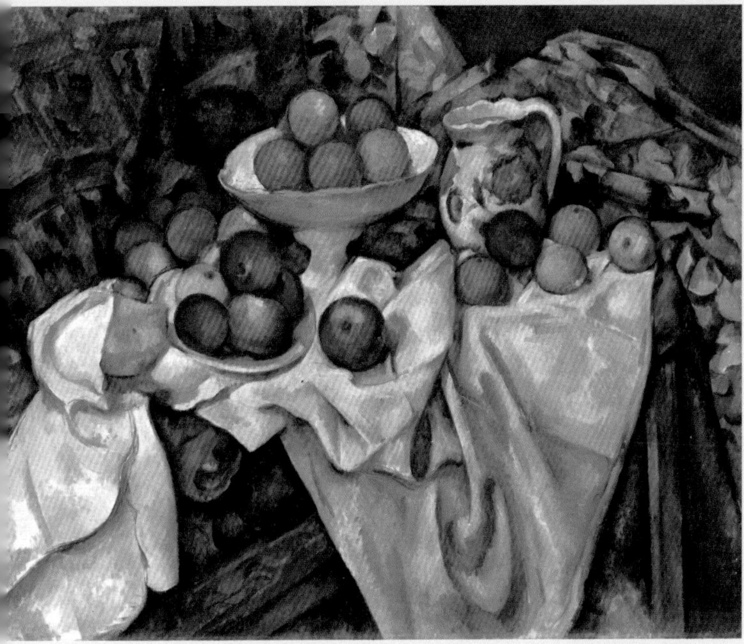

사과와 오렌지 정물화(Still life with Apples and Oranges), 1899
폴 세잔
캐버스에 유채, 74x93cm

"어떤 불행은 아주 가까운 거리에서만 감지되고 어떤 불행은 지독한 원시의 눈으로만 볼 수 있으며 또 어떤 불행은 어느 각도와 시점에서도 보이지 않는다. 그리고 어떤 불행은 눈만 돌리면 바로 보이는 곳에 있지만 결코 보고 싶지 않은 것이다."

불완전한 인간의 시선을 묘사한 권여선의 단편 「실내화 한 켤레」[39]에 나오는 대목이다. 원시가 있는 주인공이 멀리 있는 행운은 잘 알아보는데, 정작 자기 주변의 불행은 알아보지 못한다는 설정을 매력적으로 묘사했다.

불행이 자기 주변을 맴도는 데는 그만한 이유가 있다. 바둑에서 대국이 끝나면 처음부터 한 수씩 끝까지 재현하는 과정을 '복기'라고 한다. 조직에서도 과제가 끝나면 복기 과정을 거친다. 처음부터 끝까지 되짚어가면서 잘한 일은 칭찬하고, 못한 일은 반성한다. 잘한 일을 칭찬하는 것은 우리가 무엇을 잘하는지 확인하는 일이다. 잘하는 것을 더 잘하게 하는 건 비교적 수월하다. 반성은 알면서 놓친 것과 몰

39) 권여선, 『안녕 주정뱅이』, 창비, 2016

라서 놓친 것을 구분해서 살핀다. 몰라서 놓친 것은 어쩔 수 없다. 다만 이번에는 몰라서 놓친 것이지만 다음에 또 잘못하면 알면서 놓친 영역에 포함된다. 그렇다 보니 과제가 반복될수록 알면서 놓친 것만 가까이에 남는다. 실패의 원인은 이미 알고 있는 것이 대부분이다. 감히 맞서기 어려워 누구도 탓하지 못했던 것들이다. 이럴 때면 조직도 살아 움직이는 생물 같다. 자신의 이면과 마주하고 싶지 않은, 그래서 다만 기도하는 우리처럼 말이다. 책임자가 가까이 있는 문제를 방석처럼 깔고 앉아서 해결할 생각을 하지 않으면 유일한 처방은 다른 사람으로 바꾸는 것이다. 불완전한 시선은 우리 삶을 굴곡지게 한다.

눈앞에 펼쳐진 웅장한 자연을 캔버스 위에 그대로 옮기는 것은 불가능하다. 폴 세잔(Paul Cezanne, 1839~1906)은 자연을 그대로 그리는 것은 어차피 불가능하니 원뿔, 원통, 구 형태로 대상의 본질을 그려야 한다고 주장했다.**그림22** 우리는 자연이 보여 주는 다양한 표정 중에서 인상에 남은 하나의 순간을 기억한다. 그다음은 선택의 몫이다. 아는 것만 눈에 들어오고 인식한 것만 머릿속에 이미지로 남는다. 눈앞에 벌

* 폴 세잔은 자연을 그대로 그리는 것은 어차피 불가능하니 대상의 본질을 그려야 한다고 주장했다. 풍
재해석하여 단순하게 표현하였다.

22 마운트 세인트 빅토리아(Mont Sainte-Victoire), 1902~1906
캔버스에 유채, 57.2x97.2cm

어지는 장면 하나하나를 다 기억한다면 난장판이 된 기억의 숲속에서 길을 잃고 주저앉아 있을 것이다.

우리 두뇌에는 망각을 허용하는 메커니즘이 시시각각 작동한다. 필요한 것만 취하고 의미 없는 것을 버리는 과정을 반복하면서 우리는 앞으로 나아간다. 선택에 따라 기억에 남은 대상은 생략되거나 과장된다. 기억이 왜곡되기 시작하는 지점이다. 우리 기억은 머릿속에 드문드문하게 맞춰진 퍼즐 조각과 같은 모습으로 저장되어 있다. 그런데 어떤 일을 떠올릴 때 우리는 빈 공백을 인정하지 않는다. 일목요연하게 이어지지 않는 기억으로는 다른 사람은커녕 자신도 설득하기 어렵다. 빈 공백은 '추측'이라는 과정을 통해 채워진다. 이렇게 맞춰진 이야기가 내가 아는 기억이다.

전체적인 개연성에 따라 나만의 이야기를 만드는 과정을 정신의학에서는 '개인의 우화(personal fable)'라고 부른다. 외부 자극에 쉽게 오염되는 기억은 저장된 시점보다 꺼내는 시점의 감정과 의지, 그리고 주위 환경에 더 많은 영향을 받는다. 기억은 현재의 내가 기대하는 시선으로 왜곡될 개연성이 크다. 왜곡된 기억에서 시작된 기대는 현실을 반영하지 못한다. 왜곡된 기억과 근거 없는 기대의 합인 나는 온전하다고 말할 수 있을까.

나의 기억은 왜곡으로 치닫는데 화가의 기억은 명화로 남는다. 우연과 필연이 교차하는 화가의 시선은 순간의 표정을 놓치지 않는다. 클로드 모네(Claude Monet, 1840~1926)는 수련 연작을 250여 점이나 그렸다. 모네에게 진실은 순간에 담긴 빛이었다. 그래서 순간은 매번 다르게 다가온다. 여명, 낮, 석양이 다르다. 흐린 날, 안개 낀 날, 맑은 날이 다르다. 봄, 여름, 가을, 겨울이 다르다. 모네의 그림은 찰나의 기억이지만 그림을 바라보는 수많은 시선을 연작으로 남겼다. 폴 세잔은 클로드 모네를 '신의 눈을 가진 유일한 인간'이라고 칭송했다. 모네처럼 바라본다면 기억은 왜곡될 리 없다.

'나의 유일한 스승, 세잔은 우리 모두에게 있어 아버지와 같은 존재였다.' 이 글에는 세잔을 존경하는 피카소(Pablo Picasso, 1881~1973)의 마음이 담겨 있다. 세잔은 르네상스 이래로 화가의 시선을 지배해 온 원근법을 거부했다. 실재하는 3차원의 세계를 2차원 평면에 표현하기 위해 고안된 원근법은 화가에게 단 하나의 눈을 강요한다. 가까운 것은 크고 선명하게, 먼 것은 작고 흐리게 그려서 거리감과 입체감을 살린다. 풍경은 하나의 소실점으로 모이고 사라진다. 관찰자 한 명을 향해 정돈되는 것이다. 화가와 같은 위치에 선 관람객의 시선도 그 틀에서 벗어나지 못한다. 하나의 눈으로 본 대상과 풍경은 환영일 뿐, 진실과 실제를 반영하지 못한다.

인간은 하나의 눈으로 대상을 보지 않는다. 화가의 시선 역시 끊임없이 움직이고 빛에 따라 대상은 쉼 없이 변한다. 세잔 그림에 나오는 사과 하나하나는 다른 각도와 위치에서 그려져 한 화면에 우연히 모인 것 같다. 접시와 책상에 놓인 사과지만 공중에 떠 있는 것 같은 불안한 느낌을 지울 수 없다. 정면에서 그림을 보지만, 여러 방향에서 바라보는 것 같은 느낌을 준다. 사과가 곧 흩어질 듯한 불안감은 긴장감을 일으킨다. 마치 안정과 불안정이 끊임없이 다투며 양립해 가는 과정을 묘사한 것 같다. '그린다'는 것은 단순히 대상을 재현하는 것이 아니라, 객관적인 세계를 창조적인 형식으로 드러나게 하는 것이 세잔이 추구했던 진실이었다. 세잔에게 사과는 본질을 찾기 위해 끊임없이 고민하고 부정하는 과정을 상징한다. 본질은 대상이 가진 고유한 성질이 아니라 여러 대상 사이의 화음, 즉 관계에서 찾아야 한다.

세잔은 같은 사과인데 아침에 본 기억 속의 사과와 오후에 마주한 사과의 모습이 다르다는 것에 치욕을 느꼈다. 하지만 단순히 사과 하나일 뿐이라며 흘려버리지 않고 그 순간에 집중했다. 사과가 썩어서 버릴 때까지 그리고 또 그리고, 고치고 또 고쳤다. 썩어 가는 사과를 걱정하기보다 대상을 바라보는 자신의 고정된 시선을 고치려고 노력했다. 덕분에 치욕과 반성, 그리고 재인식의 과정을 통해 본질에 다가갈 수 있었다. 사과 하나로 파리를 넘어 세상을 놀라게 했다.

인간이 기억하는 방식으로는, 과거의 특정한 사건을 완벽하게 기억하는 것은 불가능하다. 어느 정도 버려지는 기억 방식은 과거에 얽매이지 않게 하는 순기능이 있다. 중요한 것은 그날의 모든 기억을 완벽하게 기억하는 것이 아니다. 잘못 기억하는 자신을 탓하자는 게 아니다. 왜 어떤 것은 기억하고 어떤 것은 기억하지 못하는지, 그 이유를 정확히 이해하는 것이 핵심이다.

프로이트는, 기억이 의식에서 배제되는 것은 억압 때문이라고 보았다. 기억을 왜곡하고 위장함으로써 의식으로부터

위험한 기억을 차단하는 '검열'이라는 기제가 우리 내부에 작용한다는 것이다. 반복적으로 어떤 장면을 잘못 기억한다면, 어떤 감정과 의지가 작동해서 기억을 오염시키는지 살펴야 한다. 기억이 범하는 실수에 참을성 있게 반응하면서 기억을 왜곡시키는 보이지 않는 손을 찾아낸다면 기억 왜곡은 삶을 변화시키는 좋은 계기가 될 수 있다. 그 과정에서 자신만의 결을 찾게 된다면 우리 삶은 명화와 다르지 않다.

"

밤은 무심한 동무다

"

스물여섯 번째 이야기

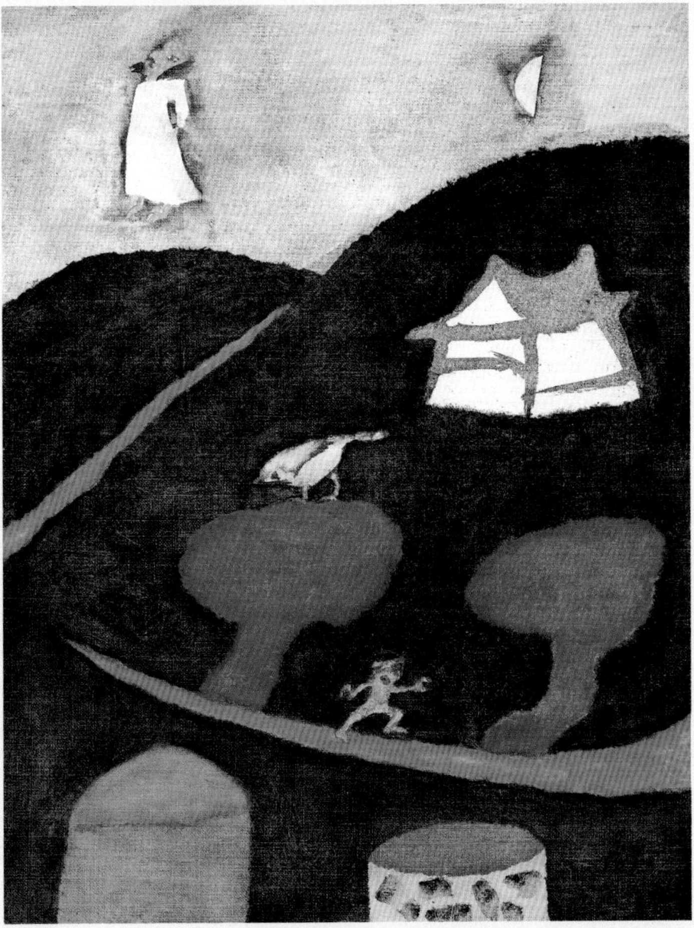

밤과 노인, 1990

장욱진

캔버스에 유채, 41x32cm

밤은 밤마다 질문을 던졌다. 나의 하루를 물었고 내가 만난 사람을 궁금해 했다. 나는 밤의 품에서 자랐다. 밤은 나보다 나를 잘 알았다. 그래서 밤이 던지는 질문은 단순하면서도 지독하게 느껴졌다. 그럴 때면 하얗게 밤을 지새웠다. 답을 찾지 못한 밤은 어두웠고, 아무런 변화 없이 다시 맞는 밤은 더없이 잔인했다. 그런 밤을 수없이 보내고, 아이는 노인이 되어 밤의 끝자락에 서 있다. 뒷짐을 진 노인에게서 이제는 애착이나 회한이 느껴지지 않는다. 무심한 듯 등으로 속내를 내비치던 당신처럼 노인은 자신의 존재를 통해 우리에게 무엇을 전하려는 걸까.

아이가 없는 세상은 상상할 수 없다. 어린 시절을 겪지 않는 노인 역시 존재하지 않는다. 세부 묘사가 생략된 아이 모습에서 우리는 장난기 가득했던 어린 시절을 떠올린다. 순수 그 자체의 해맑음이다. 예나 지금이나 나무와 까치, 산과 달은 함께 길을 걷는 동무다. 동무는 관찰해서 재현하는 대상이 아니라, 사이좋은 풍경 같은 존재다. 어느 하나 어울리지 않은 게 없는 동무들 덕분에 제멋대로 자리를 잡은 비현실적 구도와 배치는 두드러지지 않는다. 뒷짐 진 노인에게서는 아무런 사심(私心)이 보이지 않는다. 삶은 꾸미는 것이 아니다. 삶의 진정성이 느껴지는 그림은 그래서 무심(無心)하다.

무심함 사이로 밤이 흐른다. 하루는, 자신의 하루를 '밤'이라는 그늘에 묻었다. 하루를 붙잡고 싶어도 밤을 맞이할 뿐, 물리칠 수는 없다. 삶의 여정을 온전히 기억하기 위해 밤은 심연처럼 어두웠다. 아이들이 밤사이에 무럭무럭 자라는 것을 보면, 희미한 어린 시절의 기억은 뼈에 녹아 있고 무의식이라는 밤에 담겨 있다. 모두 밤이 하는 일이다. 화가 장욱진(張旭鎭, 1917~1990)은 한순간이 아니라 면면히 쌓이고 흘러서 숨결이 느껴지는 밤을 그려 냈다. 무심한 밤을 통해 아이와 노인은 하나로 연결된다. 아이가 꾸었던 꿈도 밤을 통해 노인에게 이어지는 것인가.

잡힐 듯 잡히지 않는 꿈은 언제나 애달프다. 어젯밤 꾼 꿈이 그렇다. 무의식의 막을 뚫고 나온 삶의 무늬는 눈을 뜨는 순간 형체를 잃고 흩어진다. 차마 눈을 뜰 수 없다. 그래서 꿈의 무늬는 슬픔이고 열망이다. 동화 같은 그림의 이면에는 잡힐 듯 잡히지 않던 꿈이 담겨 있다.

뿌리를 적시는 물이어도 괜찮다, 나무를 깨우는 바람이어도 괜찮다, 다독일 수밖에 없던 세월이었다. 실은 혼란스러운 시대의 장막을 찢고서 뿌리 깊은 나무가 되어 동무들과 어우러져 살고 싶었다. 나라 잃은 설움, 동족상잔의 비극, 붓을 들지 못해 술로 지샜던 나날들. 상처뿐인 세월을 딛고서 장욱진이 그려낸 삶의 무늬는 어떻게 이다지도 순수하고 포근할까. 나는 충격적이고 당혹스러운 상황을 무색하게 만드는 화가의 심성이 궁금했다.

장욱진은 흰 캔버스가 두려웠다. 작업을 시작할 즈음에는 항상 캔버스를 뒤집어 놓았다. 흰 캔버스는 장욱진에게 묻고 있었다. 물감을 바른다 하여 진지한 고백이 될 수 없을 터, 자기를 정직하게 드러낼 만큼 마음의 준비가 되었는가? 준엄한 물음 앞에서 장욱진은 흰 캔버스 위에 바로 그림을 그릴 수 없었다. "표현이 쉽고도 어려운 것은 자기를 내어놓는 고백이 되기 때문이다."[40] 장욱진은 항상 바탕을 세운 후에 그림을 올렸다. 그림에 앞서 세상일이 그러했다. 바탕을

40) 장욱진, 『江가의 아틀리에』, 민음사, 2002, p13

세우지 않으면 한 걸음도 나아갈 수 없었다. 일상의 토대가 있어야 삶을 영위할 수 있었고, 서로 믿음을 지은 이후에 관계를 쌓을 수 있었다.

먹고사는 일은 누구나 수월하지 않다. 밥벌이는 지겹고, 사는 일은 버겁다. 무슨 법칙이라도 되는 양, 세상은 정돈보다 혼돈을 좋아하고, 삶은 다사다난(多事多難)하다. 자신이 어디에 서 있는지 자주 놓치는 것이 범인(凡人)의 삶이었다. 자기 자리를 찾지 못해 하얗게 지새운 밤은 흰 캔버스와 다르지 않았다. 그럴 때면 장욱진은 술독에 빠져 살았다. 그렇게 폭주(暴酒)하여 자신을 다 소모해야 했다. 자신을 짓누르는 무력감까지 소진하고 싶었던 거다. 무력한 세상에서 마시고 바라보는 이외에 아무 할 일이 없었다.

할 일 없이 바라보고 있으면 초가집, 나무, 새, 바위, 그리고 거리의 선(線)이 눈에 들어왔다. 그렇게 선이 이어져 자신에게 닿으면 마음은 무엇인가 그리고 싶은 욕구로 충만해졌다. 장욱진이 찾은 답은 단순했다. "나는 심플하다."[41] 한

41) 장욱진, 『江가의 아틀리에』, 민음사, 2002, p11

점을 겨눈 칼날의 서슬을 푸르게 세우면, 그 칼날로 닥쳐올 전체를 감당할 수 있다 믿었다. 그것만이 살길이었다.

인생이라는 여정에서 밤과 나눈 대화는 결국 나의 위치, 그 한 점을 찾는 일이었다. 고갱이 순수의 삶으로 돌아가 던졌던 '우리는 어디에서 와서 어디로 가는가?'라는 그 물음이다. **그림9** 우리는 늘 자신의 위치를 찾는 사소한 것에서부터 실패한다. 무심한 듯한 노인의 바람은 그래서 사소한 부탁이다.[42] 어쩌면 노인의 등 뒤로 보이는 무심함이 진정한 부탁일지도 모른다. 무심하게 함께 한다는 것은 인간관계가 닿을 수 있는 궁극의 지점이기 때문이다. 평생의 동무는 허리춤을 붙잡고 늘어진다고 생기는 것이 아니라, 산, 까치, 달, 집, 나무처럼 자연스럽게 남는다. 그토록 두려워했던 밤이 사실은 자신을 품어 준 무심한 동무였다는 것을 인생의 산을 다 넘은 다음에야 알게 되었다.

장욱진은 밤을 그리는 동안 수많은 저항을 경험했다. 붓에서 느꼈던 저항은 "산만한 외부 형태들을 나의 힘으로 통

42) 황현산, 『황현산의 사소한 부탁』, 난다, 2018, p97

일시키는 일"이었다.[43] 그 저항이 무심한 동무처럼 느껴질 때까지 장욱진은 캔버스와 치열하게 부딪혔다. 장욱진은 밖으로는 맑고 순수한 세계를 펼쳐 낸 따뜻한 춘풍(春風)이었지만, 안으로는 자기 자신이 무심히 함께해 준 동행이었는지를 묻는 냉엄한 추상(秋霜)이었다. 한 편의 동화 같은 이상향을 꿈꾸는 장욱진의 <밤과 노인>이다.

43) 장욱진, 『江가의 아틀리에』, 민음사, 2002, p22

“

오늘보다
외설적으로

”

스물일곱 번째 이야기

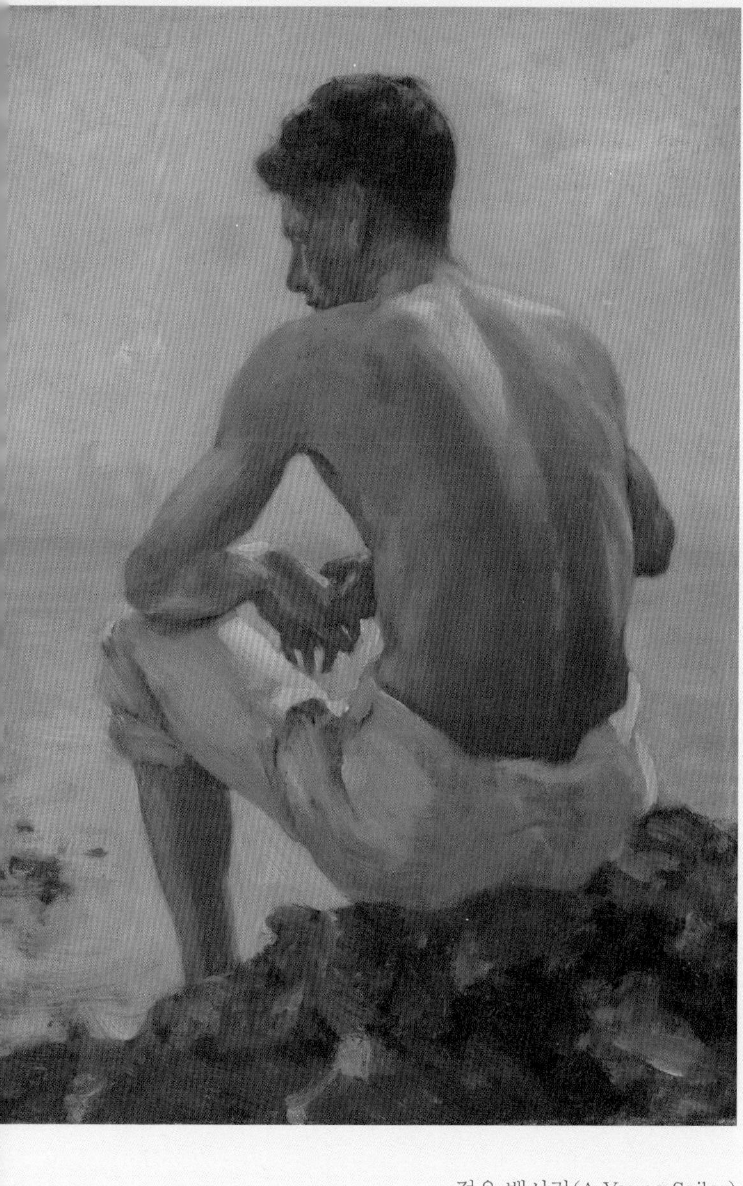

젊은 뱃사람(A Young Sailor)

헨리 스콧 튜크

패널에 유채, 35.8x26cm

소년이 뛰면 세상은 멈추고 숨을 죽인다. 소년을 향해 세상이 열린 듯, 멀리서도 소년이 한눈에 들어온다. 햇살은 빛나는 육체가 자기 자리인 양, 소년의 어깨 위를 떠나지 않는다. 잘 익은 소년의 등 위로 귓불이 붉다. 현실이면서도 현실감각을 무디게 만드는 소년의 등. 나는 소년을 추앙한다.

'감각적이다'라는 표현이 잘 어울리는 이 그림은 영국 화가 헨리 스콧 튜크(Henry Scott Tuke, 1858~1929)가 그렸다. 햇빛이 피부에 미치는 색채 효과를 포착하려는 노력이 돋보이는 작품이다. 튜크의 다른 그림이 동성애를 다룬 소설, 김봉곤의 『여름, 스피드』 표지를 장식해서 한동안 사람 사이에 회자 되었다. 그전에는 1970년대 게이 문화가 사회에 알려지면서 자주 소개되었다. 엘튼 존은 퀸의 리더 프레디 머큐리가 죽은 후에 머큐리에게서 선물을 받았다. 튜크 그림이었다. 엘튼 존은 죽음을 앞두고 자신을 위해 그림을 준비한 머큐리를 생각하면서 아이처럼 울었다고 한다. 머큐리는 양성애자고, 엘튼 존은 동성애자다. 작가의 의도가 무엇인지는 알 수 없지만, 튜크 작품을 향한 다른 시선이 있다는 것은 사실이다. 하지만 내게는 온전히 멋진 젊음을 만끽할 수 있는 작품이다.

결과적으로 튜크는 남성 누드의 부활을 주도했다. 붓을 처음 잡을 때부터 젊은 남성의 누드를 그린 것은 아니었다. 초기 그림에서 튜크는 신화적 맥락에 젊은 남성의 몸을 배치했는데, 비평가들로부터 다소 형식적이며 흐릿해서 맥이 없다는 평가를 받았다.

어촌 근처에서 자랐던 튜크의 기억에는 바다와 배 그리고 건강하고 아름다운 육체를 뽐내던 젊은 남성의 모습이 손에 잡힐 듯 선명했다. 튜크는 신화라는 주제에서 벗어나 햇살 가득한 바다를 배경으로 젊은 남성 누드를 그리기 시작했다. 바다를 배경으로 빛나는 육체를 표현해야 했기에 세밀한 묘사가 아니라 윤곽을 지워 내며 직관적으로 접근하는 방식을 택했다. 매끄럽고 세련된 터치가 대세이던 시절이었지만 야외에서 누드를 그리기에는 빛과 함께 시시각각 변하는 색을 주관적으로 표현했던 인상파 기법이 적합했다.

튜크에게는 넘어야 할 난관이 하나 더 있었다. 야외에서 누드를 그려야 했기에 튜크는 자신을 이상한 사람 취급하지 않는 곳을 물색하느라 애를 먹었다. 마침내 작가는 자신의 감정 외에는 그 어떤 것도 중요하지 않다는 듯 주류 사회가 중시하는 가치와는 다른 차이를 끌어냈다. 그가 당대 주류 사회에서 인정받던 이야기와 화풍에 안주한 채 내면의 목소리에 귀를 기울이지 않았다면 청년과 바다를 이렇게 아름답게 그려 낸 그림은 존재하기 어려웠을 것이다. 다름을 인정하는 화가의 충동이 담긴 그림은 그래서 외설적이다.

그림에서 소년은 빛을 더하지만, 현실에서 아이들은 빛을 잃어 간다. 무한 경쟁에 내몰린 아이들에게 마음껏 뛰어놀 수 있는 공간은 사라지고, 살아남기 위해 수단화된 공간만 존재한다. 경쟁이 치열할수록 타인의 고통에 공감할 겨를이 없다. 버티지 못하면 남는 건 무능한 인간이라는 낙인뿐이다. 공감하지 않는 사회에서는 다양성을 찾기가 어렵다. 정해진 틀에 맞춰 줄을 세우기에 편견과 차별은 공고해지고 주어진 길을 맹목적으로 따라가는 악순환이 반복된다. 자기 색깔을 찾는 일은 더욱 요원해진다. 더군다나 '열심히 노력하면 성공할 수 있다'는 논리는 모든 책임을 개인에게 돌려 사회 비판적인 목소리를 인정하지 않는다.

목소리를 내지 못하는 사회, 한국은 OECD 국가 중에서 자살률이 제일 높다. 청소년으로 한정하면 문제는 더욱 심각하다. 능청맞게 '그건 네 사정'이라고 떠미는 세상에 지쳐 아이들은 이제 부당한 사회구조를 유지하는 데 일조하는 목소리를 낸다. '나는 차별을 각오합니다.' 내가 차별당하는 것을 각오하기에, 내가 남을 차별하는 것 또한 정당하다고 생각한다.[44] 그것이 '공정'이라고 확신한다. 불합리한 세상을 개인 탓으로 받아들이고, 차별을 각오하는 아이들 앞에서 차별은 결국 자기를 차별하는 부메랑으로 돌아온다는 설득은 무색해진 지 오래다.

그 책임은 온전히 어른들에게 있다. 드러난 것과 무관하게 내부를 들여다보면 예나 지금이나 불합리한 구조는 여전하다. 젊은 시절 우리는 불합리하고 부패한 기득권에 맞서기 위해 몸부림쳤다. 거대한 바위에 몸을 던져서 틈을 내었다. 없는 길을 찾아가는 것이기에 무에서 유를 만드는 데서 오는 뿌듯함은 낭만 그 자체였다. 요즘 아이들에게 새로운 길을 찾아 고민하고 헤매는 행위는 사치에 가깝다. 낭만의

44) 오찬호, 『우리는 차별에 찬성합니다』, 개마고원, 2013, p232

끝자락에서 인생 선배들은 살아남기 위해 어떤 길을 택해야 하는지 정답을 보여 주었기 때문이다. 안정된 수입이 보장되는 정해진 길을 두고서, 자기에게 맞는 길을 찾겠다고 나 혼자 고민하고 헤맨다? 이보다 더한 불공정은 세상에 없다.

창랑의 물이 맑으면 갓끈을 씻고, 물이 흐리면 발을 씻는다.[45] 자신들이 세운 법과 제도, 그리고 시스템으로 우리 사회를 맑게 하여 언젠가 우리 아이들은 맑은 물에 갓끈을 씻을 거라는 기성세대의 근거 없는 희망보다, 탁한 물을 인정하고 차별을 각오하는 아이들의 상황 인식이 훨씬 현실적이다.

공정에 대한 아이들의 이러한 확신은 정해진 답을 알거나 미래를 보았기 때문은 아닐 것이다. 무슨 계시처럼 한순간에 얻는 것이 아니라 오랜 기간 누적되어 쌓인 결과다. 자기가 쌓은 성에 갇혀 그 안에서 조언과 충고를 일삼는 아빠 엄마들은 이제 아이들이 가는 길에서 비켜서야 한다. 돈이 되는 길만 쫓아 자기 자신을 수단으로 삼았고, 결국 불합리한

45) 굴원, 어부사(漁父詞), 滄浪之水淸兮 可以濯吾纓, 滄浪之水濁兮 可以濯吾足

세상을 만드는 데 부역했다고 고백해야 한다. 주류의 목소리에 묻혀 침묵한다면 차이를 인정하는 차별 없는 세상은 요원하다. 우리는 오늘보다 외설적이어야 한다.

"

나는
사랑을
걱정하지 않는다

"

스물여덟 번째 이야기

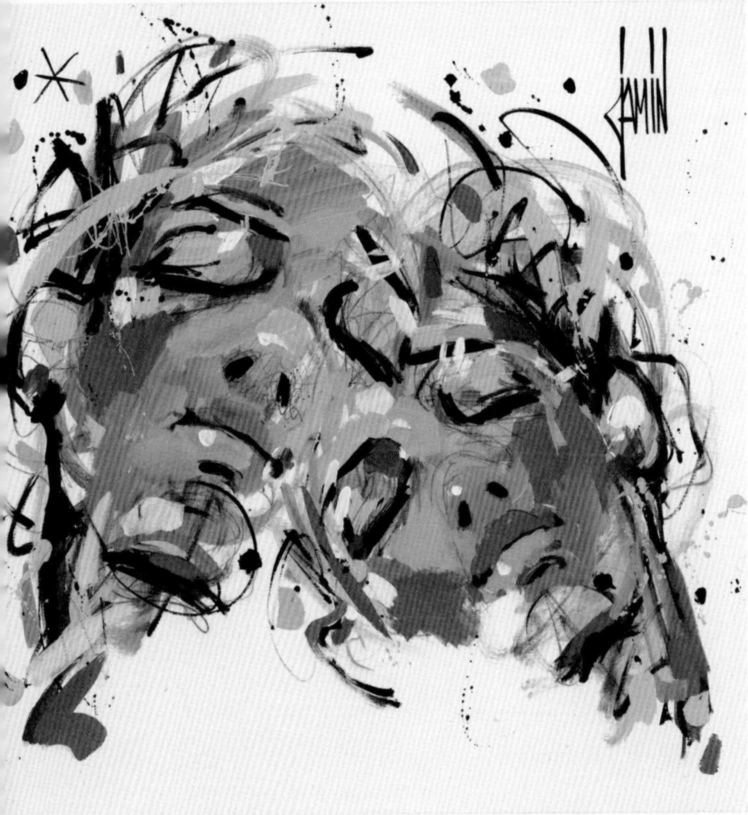

©David Jamin, 출처 : 비아캔버스

사랑(Amour), 2020

다비드 자맹

캔버스에 아크릴, 80x80cm

정중동(靜中動). 고요함 가운데 움직임이 있다. 프로방스에서 온 다비드 자맹은 겉으로 보이는 미학이 아니라 내적 감정의 힘을 추구한다. 내면의 감정과 역동적 움직임을 감각적인 색채와 강렬한 붓 터치로 표현하여 '내면자화상'이라는 새로운 스타일을 완성했다.[46] 감정이 진실하게 전달되는 그림 앞에 서면 깊은 생각과 영감 속으로 빠져든다. 자화상은 보통 한 사람을 그리는데, 작가는 두 사람이 얼굴을 맞댄 구도로 표현했다. 고요한 내면과 관계의 호응이 조화로울 때 그림은 생동한다.

지그시 눈을 감은 채 얼굴을 포갠 두 사람은 한없이 편해 보인다. 젊은 연인에게서 아무런 그늘이 느껴지지 않는다. 이제 막 시작되는 사랑일까? 고요한 연인의 얼굴에서 싱그러운 기운이 피어난다. 겨우내 얼었던 대지를 비집고 올라와 봄 햇살에 얼굴을 맡긴 채 잠시 숨을 고르는 새싹 같다.

나는 뭉클했다. 이내 그들을 응원해 주고 싶었다. 프레임 밖에는 폭풍우 같은 삶의 난관이 두 사람을 기다리고 있을

46) '내면자화상'은 내면 성찰과 자화상이 결합된 단어로 2023년 『다비드 자맹: 프로방스에서 온 댄디보이展』 전시 자료를 참고했다.

터였다. 아니 폭풍우는 참고 기다리는 법을 모른다. 프레임을 부수고 들어와 두 사람을 흔들어 깨울 것이다. 나는 숨을 죽인 채 그림 앞을 지키고 서 있다. 폭풍우는 서로 힘을 합쳐 넘어야 할 공동의 난관이다. 폭풍우가 멈출 기미를 보이지 않으면 함께했던 사람들은 하나둘 자취를 감춘다. 다정한 두 사람은 더 이상 한배를 탈 수 없는 상황을 맞을지도 모른다. 이런 염려와 상관없이 연인은 다른 세상을 사는 듯 평온하다. 순간, 그들을 응원하려 했던 내가 무색해졌다.

그 어떤 사심(私心)도 통하지 않는 두 사람 앞에서 나의 염려가 오만이었음을 인정하지 않을 수 없다. 뭉클해질 때, 마음은 열리고 사랑은 시작된다. 여전히 밀려드는 뭉클함은 다름 아닌 나를 위한 것이었다. 젊은이들의 고요함 위로 폭발하는 에너지가 느껴진다. 각자 그리고 서로 생동하는 그들을 보면서 나 역시 생동하고 싶었다. 나는 나를 응원하고 싶었던 거다. 차마 생동하지 못할까 두려워 그들에게 내 껍데기를 씌우고 응원하겠다며 손을 내민 거였다.

생각해 보면 산다는 것은 안과 밖에서 색을 입히는 일이다. 맘에 드는 색은 즐겁게 입히고, 맘에 들지 않은 색은 힘겹게 입힌다. 이렇게 색에 묻혀 살다 보면 그 많은 색 중에서 나를 살게 하는 색이 궁금해진다. 나를 살리는 색을 만나면 그 자리를 떠나지 못한다. 시간이 흐르면 색은 바래기 마련이다. 사람은 색에 자주 지친다. 그럴 때면 색이 없는 삶이 낫겠다고 생각한다. 무색의 삶은 어떻게든 살겠다고 함부로 떠올릴 수 있는 게 아니다. 나와 주위의 고통을 감내할 수 있을 만큼 스스로 너그러워졌을 때 비로소 가능하다. 어떻게든 살아지는 건 세상에 없다. 사람을 살게 하는 건 사랑이다. 사랑은 자기를 살게 하고, 서로를 살게 하고, 더 나아가 사랑하는 사람들 모두를 살게 한다. 사랑받지 못하면 사람은 불안해진다. 우리는 사랑에 목매달고 사랑을 걱정한다.

때로는 누군가를 향한 갈망을 사랑이라고 말한다. 상대를 향한 갈망은 불같이 타오를 때는 모르지만, 재가 날리는 뒤안길에 서면 결국 자기 욕구를 상대에게 투사했다는 것을 알게 된다. 자기의 부족한 면을 스스로 메꾸지 못한 애증이랄까. 사랑했지만 결국 떠나야 했던 수많은 인연을 우리는 기억한다. 부모가 자신의 미성숙한 동기를 무의식적으로 자녀에게 강요하는 것도 마찬가지다. 사랑으로 포장된 집착에 가깝다. 정서적 고착에서 벗어나지 못하면 정서와 사고를 분리할 수 없고 자녀는 자주적 정체성을 세우지 못한다.

사랑은 자기의 이유(自由)로 발현한 생생하고 환한 것이다. 한없이 탐하여 내 것으로 만드는 소유가 아니라, 스스로 자기를 알아 가는 자유다. 자기의 이유로 발현된 사랑은 모든 억압과 욕망마저 자유롭게 한다. 사랑은 상대방을 향하기에 앞서 자기 자신과 만나는 일이다.

정신의학자 머레이 보웬은 "정서는 동기를 부여하는 힘이며, 관계는 그것이 표현되는 방식"이라고 했다. 생동하고 싶다는 나의 동기는 당신과 함께 있기에 가능하다. 오늘은 나를 얽매는 과거와 미래를 모두 버리고 싶다. 아니 오늘마저 지워야 한다. 지금, 이 순간만을 생각한다. 화려한 색채와 감각적인 표현에 끌려 그림 앞에 섰다면 이제는 색채도, 표현도 거둬낼 시간이다. 당신이 있기에 나는 생동한다. 내가 있기에 당신은 생동한다. 함께 있기에 서로 생동한다. 우리는 그것이 '사랑'이라고 부른다.

봄은 어김없이 찾아온다. 봄은 땅을 가리지 않고 피어난다. 봄 햇살은 자리를 가리지 않고 내린다. 봄은 자체의 생명력으로 우리 마음을 사로잡는다. 나는 봄 햇살을 걱정하는 사람을 보지 못했다. 봄 햇살처럼 자연스러운 것이 사랑이다. 나는 사랑을 걱정하지 않는다. 봄이 왔건만 생동하지 못하는 나 자신을 염려할 뿐이다. 다비드 자맹의 <사랑>이다.